José Daniel Litvak Ernesto Panno

POKER
MANUAL DO INICIANTE

Raise Editora

Copyright © 2012 José Daniel Litvak.
TODOS OS DIREITOS RESERVADOS

É proibida a reprodução total ou parcial,
de qualquer forma ou por qualquer meio.
A violação dos direitos autorais (Lei nº 9.610/98) é
crime estabelecido pelo artigo 184 do Código Penal.

Tradução: Victor Marques
Revisão: Carlos Henrique da Silva Ribeiro
Capa e Projeto Gráfico: Davi Panzera
Diagramação: Davi Panzera e Faytter Fabiano

ISBN: 978-85-61255-47-3

Raise Editora Ltda

Rua Capivari, 304, Conj: 2 - Serra
Belo Horizonte - MG

CEP: 30220-400
Fone: +55 (31) 3225 2123
Fax: +55 (31) 3225 2123
www.raiseeditora.com

Publicação original: *Distal*
Impresso no Brasil / *Printed in Brazil*

```
      LITVAK, José Daniel
         Texas hold' em NL: poker.
   tradução - Victor Marques.
      - Belo Horizonte: Raise Editora, 2012.
         Páginas 234.
         Título original: Texas Hold'em NL
         ISBN: 978-85-61255-47-3
         1. Poker, 2. Cartas. 3. Estratégias. 4 Texas

      CDU: 796.3          CDD: 795.4
```

José Daniel Litvak   Ernesto Panno

POKER
MANUAL DO INICIANTE

Tradução:
Victor Marques

Para quem o joga, o poker é um divertimento;
Para quem o conhece, é uma paixão!

O No-Limit Texas Hold'em é hoje a modalidade do Poker mais difundida e que conta com a maior quantidade de adeptos (milhões e milhões ao redor do mundo).

É, no nosso ponto de vista, a mais "científica" e, ao mesmo tempo, a mais "imprevisível". Geralmente não ganha quem tem as melhores cartas, e sim o mais perspicaz, o mais audacioso, o mais hábil e o mais blefador. Isso explica a razão desse jogo despertar tantas paixões.

O jogo provoca os sentimentos e as sensações mais variadas, desde imensas alegrias até grandes decepções. O sucesso pode nos "embriagar", e a derrota pode nos deprimir.

Em 29 de Abril de 2010 a Associação Internacional dos Esportes da Mente (IMSA) declarou o poker formalmente como "esporte da mente", da mesma maneira que o Xadrez, Go e Bridge. Essa determinação poderá influenciar na possibilidade de o jogo estar incluído na disciplina Olímpica no futuro.

Mas, além das notícias bombásticas, este reconhecimento do "status" do poker é o resultado de uma melhor compreensão dos mecanismos mentais implícitos no jogo, demolindo o mito que o banalizava como um simples jogo de azar, confinado no submundo, ou em reuniões de amigos apostadores. Os novos jogadores, ao contrário do estereótipo histórico, preparam corpo e mente. Sabem que se isso não acontecer, estarão em inferioridade de condições. Eles estudam, praticam, discutem e investigam tudo sobre o jogo.

Aprender a jogar poker não é tão fácil como parece, nem tão difícil como entender este manual.

É prática comum que sejamos consultados sobre "como jogar com certas cartas", ou "em determinadas situações" e também acontece que algumas pessoas esperam encontrar em um livro "receitas, táticas ou fórmulas" para triunfar. Em todos os casos, lamentavelmente devemos desmotivá-los.

Não existe "A" forma de jogar, nem uma estratégia predeterminada que se possa aconselhar, e pior ainda é moldar-se a uma pauta fixa ou igual para todos os casos.

Cada situação é diferente, e decidir uma boa jogada depende de uma gama de fatores dinâmicos. Conseguir jogar bem nos impõe conhecer em detalhe todas estas nuances inerentes ao jogo e que serão examinados em cada um dos capítulos deste manual. Não obstante, se incluem muitos exemplos, conselhos e diretrizes com fins ilustrativos ou com objetivo de evidenciar as explicações da maneira mais didática e divertida possível.

Por tudo isso, estimado leitor, nos propusemos a transmitir as nossas experiências de muitos anos, com a esperança de contribuir nesse necessário processo de formação, poder esclarecê-los ou, pelo menos, divertir-lhes um pouco.

Afinal de contas, disso se trata a vida, de cultivarmos bons momentos e de nos divertirmos. Como disse Florence Scovel, ilustradora norte-americana: "A maioria das pessoas encara a vida como uma batalha, mas a vida, não é uma batalha e sim um jogo".

PREFÁCIO

Por Igor "Federal" Trafane

Conheci José Daniel Litvak em 2011, em uma etapa da Brazilian Series Of Poker em São Paulo. Ele havia sido enviado como representante oficial da Associação Argentina de Poker para prestigiar o evento de encerramento do Campeonato Brasileiro de Poker daquele ano, o BSOP Million.

Eu já ouvira falar de Litvak por suas obras, ele que construiu uma sólida carreira como tributarista e como autor de livros de poker na Argentina, além de ser colunista e comentarista dos principais sites de notícias e canais televisivos de poker na América Latina. Assim, o seu nome já me era familiar. Curiosamente, Litvak também dizia já me conhecer há muito tempo, e quando nos encontramos pessoalmente, uma grande amizade se fez à primeira vista.

Litvak é um sujeito improvável. Ele reúne características que pouquíssimas pessoas são capazes de conciliar: sério e divertido, sóbrio e expansivo, cheio de conteúdo, mas sempre com uma história divertida para contar. Chega a ser paradoxal encontrar essas qualidades em uma só pessoa. Porém, por incrível que pareça, o autor desta obra é tudo isso – e leva tudo isso à sua obra.

Como se não bastasse, Litvak escreveu o livro em parceria com Ernesto "flaquito" Panno, outro grande nome do poker argentino. Curiosamente, o meu primeiro contato com Ernesto não foi como eu gostaria. Nós nos conhecemos durante um torneio de heads-up realizado cidade de Neuquén, em 2009, e nos enfrentamos logo na primeira rodada. Pena que o "magricela" acabou me eliminando. Brincadeiras à parte, voltamos a nos encontrar diversas vezes em outros eventos pela América Latina. Ernesto Panno é uma grande figura e, com certeza, acrescentou bastante à esta obra.

Certa vez, em meio a nossas tantas conversas, Litvak me confidenciou que gostaria de lançar uma versão em português dos seus livros, e que estava procurando uma editora séria para realizar o trabalho. Na mesma hora, eu disse a ele: "Sei quem é a pessoa que você está procurando". Eu me referia a Bruno Nóbrega, então editor-chefe da revista Card Player Brasil, uma das pessoas mais competentes, sensatas, cultas e decentes com quem já tive o prazer de conviver.

Ao lado deste amigo tenho uma passagem da qual provavelmente não me esquecerei pelo resto da vida. Em meados de 2011, a Card Player preparava uma edição que traria uma entrevista de capa comigo. Em meio à correria, e sempre com poucas datas disponíveis de parte a parte, finalmente encontramos uma brecha e marcamos um dia para o Bruno vir a São Paulo. Na data e no horário marcados, chega ele ao meu escritório. Alguns minutos antes, porém, minha esposa, Isabella, havia me ligado. Ela me lembrava que dali a uma hora aconteceria a ultrassonografia do nosso filho.

O que fazer? Seria o meu primeiro encontro com meu primeiro filho, ao mesmo tempo em que eu tinha aquela reunião inadiável. Não tive dúvidas, dividi o problema com o Bruno. E ele, com a generosidade de sempre, me acompanhou até o centro clínico.

Saí do exame, dividimos o resultado do ultrassom, e fomos jantar e celebrar aquele momento. Afora minha esposa e eu, os genitores, Bruno foi a primeira pessoa a conhecer meu filho. Um momento como este é inesquecível. Definitivamente. Entrevista? Só à noite, já na minha casa, regada a um bom vinho.

Diante de tudo isso, foi um enorme prazer ter sido convidado para prefaciar esta obra, a qual marca a aproximação entre duas nações que "adoram se odiar" no futebol, mas que a cada dia se unem mais e mais em tantas outras frentes.

Mais do que isso, este título marca o trabalho conjunto de três personalidades que têm a minha mais alta admiração. E o encontro de pessoas assim só poderia resultar em um livro sensacional.

OS AUTORES

José Litvak (por Ernesto Panno)

José é um "personagem" atípico no ambiente do **poker**. É um profissional com uma grande e muito bem-sucedida carreira.

Publicou uma centena de artigos e doze livros, que foram indispensáveis para consulta, porém, em **DIREITO TRIBUTÁRIO**!?

Além de dar cursos e conferências em todo o país e no exterior, foi Professor Titular em várias universidades e terminou seu trabalho acadêmico, sendo por dez anos Diretor de uma Carreira em Pós-Graduação.

Foi juiz do Tribunal Fiscal da Nação e, ainda que não tenha abandonado a sua profissão, agora, como ele diz, **"se dedica às coisas importantes"**, isto é, as coisas divertidas.

É, desde sempre, um apaixonado pelo **poker** e do **Texas hold'em** faz dez anos.

É um jogador sólido que conseguiu muitos bons resultados. Chegou a muitas mesas finais de torneios, ganhou três muito importantes (Conrad poker Tour, Seminoles Hard Rock Casino e Miami Calder Race), além de ter sido segundo colocado da Madero Master Cup em Agosto de 2011, no qual eu, Ernesto, fiquei na terceira posição.

Além deste estudo, atualmente publica uma coluna semanal nas prestigiadas páginas do **Sudamericanpoker** e **Fox Sport** e é comentarista na **Poker Sport Tv**.

Das suas virtudes, destaco a capacidade para o estudo e investigação, a sua aptidão didática, o senso de humor e seu empenho (digamos que ele é um pouco **obsessivo**).

A ideia de realizar esta obra foi dele, assim como a redação.

A minha tarefa consistiu no aporte, análise e discussão de conceitos fundamentais, e na supervisão e correção.

Senti uma grande honra quando ele me escolheu para fazê-lo e, como em todo processo criativo, aprendi mais do que podia imaginar. Estou seguro que ao leitor ocorrerá o mesmo.

Devo reconhecer, além disso, o estímulo e ajuda concedida para trazer experiências e conhecimentos que, de outra maneira, provavelmente, não teriam se concretizado.

Espero que nossas expectativas sejam refletidas na satisfação do leitor.

Ernesto Panno (por José Litvak)

Quando completei sessenta anos, senti que devia fazer algo valioso e decidi me dedicar a estudar a sério um dos meus melhores companheiros da vida: o **poker**.

Eu havia lido bastante em algumas obras, muitos artigos e em muitos artigos espalhados por aí, mas me faltava algo metódico e sistemático. E como durante a minha carreira acadêmica, aprendi que a melhor forma de estudar é escrever, me propus a fazer um livro.

No princípio parecia uma tarefa preocupante, e eu era consciente das minhas limitações, e em função disso, pensei em alguém que poderia me ajudar e me complementar.

Não tive dúvidas. O "**Flaquito**" Panno era o indicado.

Ele tinha tudo que me faltava: "**Cabelo, Carisma e Juventude**"

Brincadeiras a parte, "**El Flaco**" é um estudioso e um profundo conhecedor dessa disciplina, tanto que o converteram em um dos melhores analistas argentinos.

Foi escolhido pela **ESPN** para comentar o "Primeiro e Segundo Campeonato Latino-Americano por equipes de Iguazu", é colaborador permanente em vários programas do canal de TV "**Poker Sports**" e apresentou **"La Mano Perfecta (A Mão Perfeita)"**, um dos programas mais interessantes da telinha.

Também foi colunista da revista **Poker Magazine** e de outros meios especializados.

É um jogador "profissional" com muitos e reconhecidos sucessos. Ganhou diversos torneios. Entre os mais destacados: foi Campeão do "Primeiro Torneio Latino-Americano da Heads-Up Series" em 2009, conseguiu vários prêmios nos eventos principais da **WSOP** (World Series of Poker) em Las Vegas, no **LAPT** (Latin American Poker Tour) e no Conrad Poker Tour.

As suas contribuições para esta obra foram apreciáveis e não tenho mais do que agradecimentos por sua inestimável colaboração.

Seguramente o leitor também saberá valorizá-los.

Há dois tipos de pessoas. As inteligentes desejam aprender, os outros ensinar.
(CHEKHOV)

Dedicamos este trabalho a todos os leitores que querem aprender.
NÓS DOIS.

Ao Bernardo, que me ensinou a jogar
Ao Nicolás, a quem ensinei, e
Ao Mati, o mais bonito de todos,
a quem ensinarei
Com o fervente desejo de que sempre
se divirtam.
JOSÉ DANIEL LITVAK

A um Grande de verdade, meu pai Oscar,
pelo seu constante apoio e crítica saudável.
A meu filho Alan, que se dedicou a sua paixão, e
caso volte à luta, com amor.
A Luciano, meu filho de coração, que tanto se
interessou por minha carreira, sempre.
ERNESTO "FLAQUITO" PANNO

São tantos os que nos incentivaram, colaboraram, aconselharam, aguentaram, estimularam e contribuíram que seria interminável nomear todos, e poderíamos cometer o imperdoável pecado de nos esquecermos de alguém. Todos sabem quem são, e a todos, os agradecemos imensamente. Mas não podemos omitir Carlos Telias, titular da Editorial Distal, por seu entusiasmo e desinteressado compromisso, a Nicolás Litvak por sua ajuda e identificação com o projeto, a Roberto Volpe, o meticuloso editor e a Giselle Odiz, nossa consagrada editora.

SUMÁRIO

Advertências Prévias, Necessárias e Importantes 25

Introdução 29

I. História, Lendas e Curiosidades 33
    A. Breve história 33
    B. A evolução do poker 35
    C. Historia da modalidade Texas hold'em 36
    D. Casos, lendas e curiosidades 37

II. O Poker Como Esporte 41
    A. Jogo de azar ou habilidade? 41
    B. Reconhecimento como esporte mental 45
    C. A Legalização do jogo ao vivo e online 45
    D. Entidades que regem o poker e eventos 46
        IPF 46
        FIDPA 46
        WSOP 47
        WPT 47
        LAPT 47
        APTHA 47
        FAPOKER 48
        A CBTH 48

III. As Regras do Texas Hold'em 51
    A. As cartas 51
    B. Escala de valor das cartas 51
    C. Regras básicas 52
    D. Os tipos de mãos e os seus valores 54
    E. As fichas 54
    F. As mesas de jogo 56
    G. Desenvolvimento do jogo 56
        Distribuindo as cartas 56
        As jogadas 57
        Formas de manifestar as jogadas 58

As apostas 58
 As apostas obrigatórias: blinds e *antes* 58
 As apostas não obrigatórias 59
Etapas do jogo 59
 Primeira etapa - O Pré-flop 60
 Segunda etapa - O flop 60
 Terceira etapa - O turn ("quarta carta") 60
 Quarta etapa – O river ("quinta carta") 61
 Quinta etapa – O showdown 61

IV. Conceitos Básicos do Poker Texas Hold'em 63
A. Noções básicas 63
 O valor 63
 Relativo do relativo 64
 Bankroll 64
 O pote 65
  Potes paralelos 65
 O rake 65
 As mesas de jogo – posições à na mesa 65
 As jogadas 66
 Tipos de apostas 67
 Mãos 68
 Os jogos e os seus termos 72
 Torneios e cash games (jogos a dinheiro) 72
  Tipos de torneios 73
  O poker online 74

V. Conselhos Básicos para Principiantes 77
A. O objetivo 77
B. Conselhos fundamentais 78
 Jogar concentrado 78
 Olhar bem as cartas antes de apostar ou pagar 79
 Não se adiante 80
 Mostrar as cartas no showdown 81
 Não participar de muitos tipos de jogos diferentes 81
 Não jogar em muitas mesas simultaneamente 82
 Não jogar muitos torneios multitable 82

      Enfrentar as bad beats 82

      Parar nas fases ruins 83

      Jogar com bom espirito 83

      Não imitar o que vemos pela TV 83

      Não esperar os grandes potes 84

      Sair se estiver ganhando 85

      Escolha de mãos e posição à mesa 85

      Jogar poucas mãos 86

      Pensar no que os demais jogadores têm 86

      Adaptação à quantidade e qualidade dos jogadores 87

   C. O poker online 87

VI. Normas de Conduta, Etiqueta e Decoro no Poker 91

   A. Considerações gerais 91

   B. As normas de conduta 92

      O respeito 92

      Saudações 93

      Não fumar nem abusar do álcool 93

      O silêncio é saudável 94

      Não ser professor 94

      Fazer as jogadas ou apostas claramente 94

      Mostrar ou não as cartas 95

      O slowroll 95

      Mostrar as cartas no showdown 95

      Jogar rápido 96

      A atitude diante das vitórias e derrotas 96

      Não trapacear 96

      O softplay 96

      Condutas permitidas 97

VII. As Condições Racionais, Intelectuais e Físicas 101

   A. Introdução 101

   B. Estudo e formação constantes 101

   C. Raciocínio analítico 102

      Os níveis de raciocínio 102

      Se colocar no lugar do outro 103

    D. Boa Informação 103
        O que se diz e o que não se diz 104
    E. As aptidões físicas 105
        Boa visão e audição 105

VIII. As Condições Emocionais e Psicológicas 109
    A. influência das emoções 109
        Paciência e disciplina 110
            Paciência para aprender 110
            Paciência para subir de nivel 110
            Paciência no jogo 111
        O envolvimento emocional 112
        O narcisismo 113
        A confiança 114
        A audácia 114
        Os altos e baixos 115
        Como enfrentar as bad beats 116
        O tilt 117
        Intuição, sabedoria do inconsciente versus palpites 118
        Os prejuízos e preconceitos 119
        As superstições 120
        As fases 120
            As fases ruins 120
            As boas fases 122

IX. Tipos de Jogadores 125
    A. Os padrões de classificação 125
        Tipos de jogadores de acordo com os seus impulsos 125
        Tipos de jogadores de acordo com o seu nível 126
    B. Conselhos para evoluir 127
        Os primeiros passos 127
        A habilidade relativa 128
        A trajetória de um profissional 129

X. Os Estilos de Jogo 133
    A. Tipo ou estilo 133
    B. Os estilos de jogo típicos 133

- Os tight-passivos: as rochas 133
- Os "tight-agressivos" (TAG) 135
- Os loose-passivos 136
- Os loose-agressivos 137
- Os maníacos 138
- Os fishes 139
- Os TAG fishes 140
- Os donks 140
- C. A previsibilidade 141

XI. A Agressividade 143
- A. O conceito 143
- B. A agressividade como estilo de jogo nos torneios 144

XII A Posição à Mesa 149
- A. As posições 149
  - A ordem das posições 149
    - A primeira posição ou small blind (SB) 150
    - A segunda posição ou big blind (BB) 151
    - A terceira posição ou UTG 152
    - As posições intermediárias 152
    - As posições finais 153
- B. O valor estratégico da posição na mesa 153

XIII. O Bankroll e o Stack 159
- A. O poker e o dinheiro 159
- B. O bankroll 160
  - O bankroll para cashgames 161
  - O bankroll para torneios 162
  - O controle do bankroll 163
- C. O stack 164
  - O tamanho do stack 165
    - Os short stacks 165
      - a. Os short stacks nos cash games 165
      - b. Os short stacks nos torneios 167
    - Os big stacks 168
      - a. Os big stacks nos torneios 168

XIV. As Apostas Obrigatórias 171
    A. Os blinds e o *ante* 171
        A estratégia nos blinds 172
        O roubo de blinds 172
            A posição na mesa 172
            A imagem 174
            A quantidade de oportunidades 174
            As estatísticas de roubo 174
            Tipos de rivais 175
            As cartas 175
            A modalidade do jogo 176
            A etapa de um torneio 176
            Os stacks 176
            O valor da aposta para roubar 177
        A defesa dos blinds 177

XV. O pote 181
    A. A criação do pote 181
    B. Construção, manipulação e controle do pote 181
    C. O controle do pote e as fases das mãos 182
    D. Protegendo a mão 182
    E. O controle do pote e as probabilidades 184
    F. Comprometido com o pote (pot committed) 184

XVI. O Blefe 189
    A. Ganhar sem jogo 189
    B. Tipos de blefes 190
        O blefe 190
        O semiblefe 192
        O float 193
        Squeeze 194
        Slowplay 196
    C. O blefe: Quando e como? 197
        1. A quantidade e situação dos rivais 198
        2. Os tipos de adversários 198
        3. O valor da aposta e do pote 198

Momento para blefar 199
Etapas de apostas em uma rodada 199
As posições 201
A imagem que projetamos 201

XVII. O Poker Online 205
    A. Uma "ciência" específica 205
        O objetivo 205
        As particularidades do poker online 206
        A velocidade do jogo 207
            Jogar em várias mesas simultaneamente 207
        Tipo de oponentes 208
        Estatísticas, notas e registros de informação 209
            As estatísticas do jogo e a linha vermelha 209
            Os softwares para conhecer o estilo de jogo dos rivais 210
        O controle e o cuidado com o bankroll 212
        A seleção da modalidade de jogo e os limites 212
        As diferenças estratégicas entre o poker online e ao vivo 213
        Os riscos de jogar online 214
            A qualidade da conexão 214
            O controle da veracidade e da confiabilidade 214
            O jogo em equipe e outras práticas condenáveis 216
            Outros temores 216

Palavras Finais 219
Anexo I. Glossário 221

ADVERTÊNCIAS PRÉVIAS, NECESSÁRIAS E IMPORTANTES

Estimado leitor, este primeiro volume está dirigido a quem não conhece o **poker Texas Hold'em No-limit**, aos que o praticam intuitivamente.

Publicaremos, na sequência, outros volumes dedicados ao aperfeiçoamento do jogo.

Para os jogadores intuitivos que citamos por último, alguns temas são conhecidos (regras, termos, conceitos básicos, etc.), e pode acontecer que algum destes seja redundante ou supérfluo.

Não obstante, os convidamos a aproveitar todo o material, em função de além de incorporar mais da cultura geral, todos os tópicos são ricos, estão interligados e sempre se encontrará um dado ou uma curiosidade que se desconhece ou que valha a pena conhecer.

Em segundo lugar, vale destacar que o vocabulário utilizado no **poker** é específico. Por sua origem, ou talvez, por sua difusão atual, a base é o inglês, e na maioria das publicações, se utiliza esse idioma. Também é notória sua adoção entre os praticantes de qualquer país.

Para que nos habituemos, utilizamos essa terminologia, seguida da tradução para o português. Inclusive, adotamos neologismos surgidos dessa prática, e no fim do volume publicamos um dicionário de termos específicos, para sua consulta.

Finalmente, para que esse estudo seja divertido, sem perder a sua vocação pedagógica, nos permitimos certas "licenças poéticas" e a incorporação de algumas "ilustrações", em função de, como é conhecido, "uma imagem vale mais que mil palavras".

Este é um curso que pretender ser sério, mas de nenhuma maneira formal, por que, como disse **Oscar Wilde "O único dever que o ser humano tem, é o dever de divertir-se o máximo possível"**.

Devemos confessar que nos divertimos muito ao escrever o livro e esperamos que, além de instruir, ele cause o mesmo efeito ao leitor.

Não obstante, a quem tenha adquirido o livro e considerem inapropriadas as piadas, pedimos que não as leve a sério.

Quem não o comprou ainda, receberá o mesmo pedido, uma vez que o tenham comprado.

Esperamos sinceramente que desfrutem e que lhes seja útil.

Os Autores.

INTRODUÇÃO

*"O homem não deixa de jogar porque envelhece,
envelhece porque deixa de jogar"*
George Bernard Shaw[1]

O poker é o jogo de cartas mais apaixonante e popular em todo o planeta.

Entrar hoje em qualquer sala online permite interagir com jogadores dos lugares mais remotos e exóticos imagináveis, e em qualquer parte do mundo, em todo momento, encontraremos mesas ou torneios disponíveis.

A grande maioria o considera o Rei dos Jogos, por suas variantes e alternativas, pelas emoções dramáticas que gera, e por que não é sempre que quem "acerta" ganha, e sim, o mais perspicaz, audacioso e o mais hábil ou blefador.

É uma competição permanente entre sabedoria, conhecimento, astúcia, intuição e audácia, e como no restante das experiências vitais, o imponderável e o azar jogam suas funções inesperadas, gratificantes ou demolidoras.

O jogo provoca os sentimentos e as sensações mais variadas, desde imensas alegrias até grandes decepções. O sucesso pode nos "embriagar", e a derrota pode nos deprimir.

Alguém disse que "a vida é um jogo e que o jogo é a vida".

E além disso, como na vida, o dinheiro tem uma presença relevante. O poker é o único esporte no qual necessariamente, se ganha ou perde dinheiro.

Precisamente, estas são algumas das tantas características distintas, que o fazem tão singular e apaixonante.

O conhecimento e a experiência são os fatores mais importantes do que a sorte; contudo, é notória a influência desta no curto prazo, e pode fazer sucumbir o mais hábil frente a um novato. Esta particularidade permite o enfrentamento entre profissionais e amadores em uma única mesa. E pelo menos, em um jogo, ou em um torneio, poderíamos sentir a intensa emoção de superar um campeão!

---

1 - George Bernard Shaw célebre escritor irlandés, ganhador do Premio Nobel de literatura em 1925 e do Oscar em 1938.

No poker, quem quiser pode inscrever-se no evento principal da Série Mundial (WSOP) e competir contra profissionais do calibre de Phil Ivey, Doyle Brunson ou Daniel Negreanu, e com um pouco de sorte até vencer-lhes, e até a nós, autores desse livro.

Estes e outros atributos explicam o "fenomenal" aumento de adeptos e apaixonados que chegaram ao poker nos últimos anos, superando o mito que o banalizava como um simples jogo de azar, restrito ao submundo ou em reunião de apostadores.

Muitos dizem que jogar e ganhar no poker gera um prazer inigualável, tão intenso e excitante, que só se pode equiparar com o que nos oferece o amor.

Uma satisfação individual impossível de descrever, um prazer oculto, um sublime deleite íntimo, para o qual se necessita, paradoxalmente, de uma boa mão.

Segundo Alfred Álvarez[2], "O poker é considerado a segunda atividade noturna mais popular. O sexo é bom, dizem, mas o poker dura mais".

Existe um sem-número de variantes do jogo (aberto, fechado, com ou sem descarte, com diferente quantidade de cartas, etc), mas a sua essência não muda.

A modalidade conhecida como Texas Hold'em No-Limit é a mais popular e apaixonante, e a que proporcionou ao jogo uma expansão e difusão impossível de se imaginar alguns poucos anos atrás.

Estimados leitores:

Bem-vindos ao fascinante mundo do poker Texas Hold'em No-limit!

---

2 - Álvarez é um reconhecido poeta e escritor inglês.

I. HISTÓRIA, LENDAS E CURIOSIDADES
A História é escrita pelos vencedores

Nós, lemos

A. Breve história

A história do poker é um tema que está sendo redescoberto. Há muitas versões e algumas provavelmente são lendas.. Não obstante, os dados que existem não deixam de ser interessantes ou, pelo menos, curiosos.

O nome parece descender do termo francês "poque", que é originado do alemão "pochen"(golpear), mas não está claro se os jogos aos que se referem foram as suas verdadeiras origens.

Se sabe que tem semelhança com um jogo persa, o "as nas" e acredita-se que os marinheiros persas ensinaram os colonos franceses em Nova Orleans (EUA).

Alguns atribuem a paternidade do poker a um antigo jogo do Renascimento, chamado "O Primeiro", também ao francês "blean" e ao Inglês "brag", que era descendente do "brelan" e que incorporou o "bluffing" (blefe), ainda que esse conceito já fosse conhecido em outros jogos da época.

O mais provável é que os ingredientes do poker atual se componham de outros jogos variados e diferentes, e há muitos estudiosos que situam o seu nascimento em épocas mais antigas. (sim - temos historiadores no poker).

O próximo antecedente temporal nos leva ao Egito. Alguns restos de cartões (sim, cartões) que eram utilizados para jogar, foram recuperados e são atribuídos aos séculos XII e XIII.

Aparentemente, os escribas jogavam uma modalidade parecida com o "Ganjifa", que consistia em 96 peças pintadas que, se supõe, poderiam ter influído para o "As Nas"[3], citado anteriormente.

---

3 - Há quem aponte que, nesse tempo, os dados eram um passatempo típico na China e encontram um antepassado do poker na semelhança da combinação das mãos. Não está claro se é assim, ou ao contrário, que este tenha influenciado no famoso jogo de General ou Yam (Yahtzee em inglês). O certo é que é real a relação entre ambos. No "Poque" francês, que data do século XV, também se realizavam apostas e podia-se blefar. Além disso, foi o primeiro jogo de cartas a utilizar o baralho de quatro naipes: espadas, copas, paus e ouros (Von Duooi). Outros autores questionam que há uma influência do "Gilet", na França, com elementos semelhantes ao poker atual (apostas com "mãos" como par, dois pares, trinca, etc.) e, para alguns historiadores, provém da palara hindu "pukka" ou "pukka sahibs". Os colonos adaptaram a língua nativa e, ao apostar, diziam por exemplo: "Poque" mil dólares. Finalmente são reconhecidas influências inglesas e alemãs, neste caso, pelo "Pochspiel", um jogo com muito em comum com o poker (apostas, blefes, batidas na mesa), e há quem afirme que poderia derivar da palavra "poke", um termo usado pelos gatunos, nos tempos em que se jogavam cartas nos barcos do Rio Mississipi.

Antonio Von Ducci sustenta que, segundo uma crença popular, o poker começou a formar-se na China, por volta de 900 d.C. apesar dos cartões, cartas ou moedas, tal como as conhecemos, ainda não terem surgido.

Os chineses praticavam o dominó, que era muito popular, e está escrito que o Imperador Um Tsung ensinou o jogo de "peças de dominó" à sua esposa, em 969 d.C., e que isto poderá ter sido o embrião do lento crescimento do poker.

"Muito tempo depois o ator inglês Joseph Crowell, descreveu o poker tal como se jogava em Nova Orleans em 1829: com um baralho de 20 cartas (ás, rei, dama, valete e dez)".

Podiam jogar até quatro pessoas, com cinco cartas para cada um e a melhor mão recebida ganhava.

Um dos primeiros personagens destacados do poker foi Jonathan H. Green, que aprendeu a jogar ainda jovem, em uma prisão em Cincinnati.

Depois de livre, foi ao Mississipi e começou a sua carreira como jogador profissional nas barcaças que o abrigavam. Alí, entrou em contato com muitas versões do "Poque"

Nos seus escritos, denomina o poker "jogo do blefe", e foi ganhando popularidade rapidamente.

Green, intrigado, descobriu que no dicionário americano ou em qualquer outra documentação do seu tempo, não existia uma definição do jogo, por isso, se encarregou de colocar o nome oficial e documento inicial ao "jogo do blefe" como "uma exposição das artes e tristezas do jogo": POKER (fonte ThePokerFather.com)[4].

Finalmente, e considerando que este fato não figura em nenhuma das fontes consultadas, tivemos a sorte de comprovar que muitos imigrantes (NT: na Argentina) da Segunda Guerra Mundial oriundos da "Europa Oriental" (poloneses, russos, turcos, lituanos, etc.), jogavam o denominado "oke" ou "oque", de claras e marcantes semelhanças com o nosso poker atual. O que se desconhece é qual seja o antepassado do jogo e sua sequência.

---

4 - Pouco depois, se utilizou o baralho francês completo, de cinquenta e duas cartas e foi introduzido o flush (cinco cartas não consecutivas do mesmo naipe). "Durante a Guerra Civil Americana, se adicionaram muitas variantes, inclusive o poker de descarte, o aberto e o de sequência. A estes, seguiram-se mais variantes, de tendências norte-americanas, como os curingas (por volta de 1875), "lowball", "split-pot poker" (por volta de 1900) e os jogos de poker com cartas comunitárias. A expansão do jogo a outros recantos do mundo, particularmente a Ásia, é atribuída ao exército dos Estados Unidos." (fonte Wikipedia)

B. A Evolução do poker

O poker evoluiu, mudou e multiplicou as suas modalidades, e se difundiu em todo o mundo de uma forma extraordinária. Não deve haver esporte que, nos últimos tempos, tenha crescido dessa maneira e ganhado tantos adeptos.

Nos seus primeiros momentos, nos Estados Unidos, predominou o **"Seven-card Stud"** (variante que se joga até hoje, nos grandes eventos internacionais). Foi o mais praticado antes da Segunda Guerra Mundial e por mais de quarenta anos, apesar de o **Texas Hold'em** e o **Omaha** (aberto e sem descarte) ganharam algum espaço a partir de 1930.

Contudo, tardaram quatro décadas para substiutir o seven-card stud como favoritos, principalmente pela ajuda da indústria do jogo, em Nevada, onde fica Las Vegas, que já os havia adotado em pleno auge dos anos 50 e 60.

Apenas na década de 70, começa-se a praticar maciçamente o **Texas Hold'em** e, na atualidade, a sua variante **"No-limit"** (sem limite de apostas) produziu um boom difícil de explicar. É o jogo mais difundido e que conta com maior número de adeptos (milhões e milhões ao redor do mundo). É, na nossa opinião, o mais científico e o mais imprevisível dos jogos, razões que explicam as paixões que desperta.

Não se pode negar que muitos tabus, vinculados a vícios como o cigarro, o álcool ou a prostituição, rodearam os ambientes dos jogos de azar, e não eram (ou não são) vistos com bons olhos por boa parte da sociedade. O poker, erroneamente, é de maneira muito comum associado com vícios e compulsões como a ludopatia, e essa imagem ainda se mantém em algumas pessoas.

O famoso autor **Mark Twain**[5] disse, há algum tempo: "Poucas coisas são rejeitadas de maneira tão imperdoável em nosso país como o poker. A classe alta sabe muito pouco sobre ele. De vez em quando, se pode encontrar embaixadores que têm certo conhecimento geral sobre o jogo, mas a ignorância das pessoas é temerária".

De todo modo, o atual desenvolvimento e difusão do jogo, estão quebrando este e outros mitos. O poker é reconhecido como um jogo "ciência", um esporte mental que requer estudo e conhecimentos de matemática, psicologia e de técnicas estratégicas.

---

5 - Foi um humorista e escritor norte-americano dos mais reconhecidos do século XIX, cujo nome real era Samuel Langhorne Clemens, e autor de novelas convertidas em clássicos, entre elas "As Aventuras de Tom Sawyer". Em reconhecimento a sua obra, em 1907 lhe foi outorgado o título de "Doutor Honoris Causa na Universidade de Oxford" (Inglaterra).

Na maioria dos lugares onde o poker é praticado, inclusive nos cassinos, é proibido fumar ou ingerir bebidas alcólicas.

Os novos jogadores, ao contrário do estereótipo instalado, cuidam da sua mente e físico, por que sabem que, de outra maneira, estariam em inferioridade de condições. Estudam e praticam, investigam e se preparam.

Inclusive, é conhecido em Buenos Aires o caso de um "amigo", que foi diagnosticado com o "mal de Parkinson", e o seu médico recomendou, como terapia, a prática do xadrez ou do poker.

Hoje, além de uma grande pessoa, ele é um entusiasta e participante permanente do circuito argentino (o tratamento é caro, mas evidentemente efetivo).

Sem dúvidas, o momento e esse esporte mudaram os seus hábitos.

C. História da modalidade Texas hold'em

Uma das certezas a respeito dessa modalidade é que o seu nascimento e primeira divulgação ocorreram no começo do século XX, na região da qual o jogo tomou emprestado o nome.

Os torneios se popularizaram nos cassinos dos Estados Unidos a partir dos anos 70, depois do começo das Séries Mundiais (WSOP). O primeiro evento da série ocorreu em 1970, e era um cash game apenas. **Johnny Moss** foi votado entre os participantes e apontado como o Campeão do Mundo naquele ano. Quatro dos nove primeiros campeões da WSOP eram texanos.[6]

A WSOP se estendeu para além de Las Vegas. Primeiro no restante dos Estados Unidos, através do Circuito da WSOP e depois, no fim de 2007, foi celebrada a primeira WSOP Europa.

No total, entre todos os torneios e séries, se calcula que entram em jogo mais de US$100 milhões e atualmente, cinquenta e oito eventos entregam o bracelete de ouro para o vencedor.

---

6 - Em 1972, oito jogadores participaram da World Series of Poker e, trinta anos depois o número passou a ser de oitocentos. Hoje, a contagem já ultrapassou 8000 jogadores que chegam no mês de julho ao Hotel Rio em Las Vegas e participam de forma presencial no evento mais importante da Série.

I. História, Lendas e Curiosidades

Como se pode notar, o evento tomou proporções impressionantes e participam milhões de aficcionados (seja nos torneios classificatórios, online ou ao vivo nos eventos principais), e a quantidade de jogadores profissionais cresce exponencialmente.

O leitor, seguramente, os conhecerá tanto ou melhor que nós mesmos, e são tantos que se destacam que seria impossível sequer nomeá-los.

Hoje existem publicações de todo tipo – diários, revistas, livros, blogs, portais e academias que transmitem o conhecimento do jogo.*

As transmissões por rádio e televisão são cada vez mais frequentes, ao ponto de quase todos os canais especializados em esportes apresentarem programa específicos ou transmitirem torneios.

Na Argentina, inclusive, existe um canal exclusivo (Poker Sports) que fala de poker as 24 horas do dia.

Cada cidade do mundo tem os seus cassinos ou espaços para a prática dessa nobre arte, e os torneis de todo o tipo se multiplicam dia a dia, confirmando o crescimento fascinante que temos observado no mundo do poker Texas hold'em atual.

D. Casos, lendas e curiosidades

A história do poker está cheia de histórias, lendas e curiosidades, algumas divertidas e outras dramáticas. A literatura, a televisão e o cinema, se encarregaram de difundí-las ou mesmo criá-las.

Quem não se lembra de personagens tão marcantes como **Bat Masterson** ou **Maverick**, ou Steve McQueen, no famoso filme **"The Cincinnati Kid"** ou, recentemente Leonardo Di Caprio, tomando todas as fichas dos desavisados antes de partir no **"Titanic"**.

Uma infinidade de cenas do faroeste americano expõe jogos de poker em bares e "saloons", onde geralmente havia algum tipo de trapaça, e como não podia deixar de ser, a cena terminava em tiros.

---

* Foi também durante a década de 70 que surgiram os primeiros livros que detalhavam a técnica, matemática e estratégia, em particular: *The Theory of Poker* de David Sklansky, ou o *Super System* de Doyle Brunson. As transmissões dos torneios via satélite e por TV a cabo foram o ponto de partida para a abertura de salas de poker que permitem jogá-lo online, pelo computador ou em telefones celulares, conttribuindo para que a popularidade do poker crescesse. E muito.

Chris Moneymaker se consagrou campeão do evento principal da WSOP em 2003 e foi o primeiro jogador que se classificou em site de poker a ganhar este torneio. Levou US$2,5 milhões.

Este retrato não é diferente daquilo que ocorria na realidade. "No século XIX, ao oeste norte-americano, um ambiente de conquista e violência, chegaram aventureiros de toda sorte, dispostos a se enriquecer facilmente. A corrida do ouro e da prata foram momentos oportunos para que gente sem escrúpulos agisse. Aqueles que não recorriam ao roubo direto, a mão armada, tinham outro método menos arriscado: o jogo e o seu objetivo era 'depenar' os desavisados".

Os turbulentos anos 20, sob a Lei Seca, seriam a apoteose do jogo, principalmente no leste dos Estados Unidos: Nova York, Chicago e Atlantic City.

As máfias se tornaram donas do país, para produzir ou importar bebidas ilegais. O delito se associou com o jogo e com a prostituição. "Grandes recintos luxuosos acolhiam a melhor sociedade, que dilapidava milhões nas mesas. O poker era o grande protagonista, o jogo favorito, tanto dos cidadãos de bem como dos próprios gângsters".[7]

O poker não fica fora do Guiness Book, o livro dos recordes, que registrou a sessão mais longa de todos os tempos, uma que durou 72 horas, sem pausas, a bordo de um barco, a qual se interrompeu quando o maior ganhador sofreu um ataque cardíaco no meio da jogada. Não obstante, os seus ganhos foram entregues, até o último centavo, à sua inconsolável viúva.

No dia 07 de junho de 2010, o jogador profissional Phil Laak superou o recorde das 72 horas registradas no Guinness Book. Jogou durante 115 horas consecutivas com o objetivo de impor um novo recorde, e conseguiu.

Recentemente, um grupo de jogadores da Nova Zelândia organizou um torneio beneficente com objetivo semelhante. Dois participantes se mantiveram por 117 horas consecutivas. O recorde, todavia, acabou não sendo aceito.

"O jogo mais curto que se tem notícia, aconteceu no oeste norte-americano, precisamente em Dodge City, entre dois malandros que se odiavam profundamente. Durou somente uma mão; ao acusar um ao outro de trapaça, sacaram as suas armas e dispararam. Ambos morreram instantaneamente." (Fonte Wikipedia)

---

7 - Algo semelhante ocorreu antes, na Inglaterra dos Hannover, "durante o século XVIII, frequentemente ricos e honoráveis aristocratas participavam de jogos de azar ilegais, onde se reuniam para jogar como cavalheiros de elegantes perucas(!) e luxuosas casacas, que não passavam de trapaceiros disfarçados, dispostos a limpar suas vítimas. Inclusive, se conta que aristocratas e nobres, com mais títulos que dinheiro, eram capazes das piores atitudes para roubar aqueles que caíam nos golpes."

I. História, Lendas e Curiosidades

E a última curiosidade de tantas que existem, está vinculada a John Montagú, IV Conde de Sandwich (1718-1792), um aristocrata do século XVIII e jogador inveterado.

Em 1762, ele esteve vinte e quatro horas em uma mesa de jogo e, para matar a fome, sem ter que suspender o jogo, ocorreu-lhe que podia comer com apenas uma das mãos e sem sujá-la, liberando a mão restante para poder seguir com as ações do jogo. Para conseguí-lo, pediu a suas criadas um pouco de carne entre duas fatias de pão.

Com o tempo, a nova criação foi batizada de "sanduíche", em honra ao seu inventor. Hoje segue denominando-se assim universalmente, e se constituiu em uma das formas de alimentação habitual mais procuradas.

Como se pode ver, o poker, oferece de tudo.

II. O POKER COMO ESPORTE

*O trabalho consiste no que o um organismo está obrigado
a fazer; o jogo, no que não está obrigado.*
Mark Twain

A. Jogo de azar ou habilidade?

Um dos temas mais discutidos nos últimos tempos é: Que tipo de jogo é o poker? – jogo mental ou de azar[8]?. Não obstante, a esta altura do debate, e ao analisar a sua história e os eventos ocorridos, podemos afirmar, sem sombra de dúvidas, que o poker é um esporte da mente.

Estudos encomendados pela **IPF** (Federação Internacional de Poker) demonstram, com sólidos argumentos científicos, que neste jogo prevalece a habilidade sobre a sorte.

Não resta a menor dúvida de que o azar é um tempero no jogo, como em quase todos os esportes, mas, de nenhuma forma, o jogo é baseado nisso.

---

8 - Tudo o que está exposto neste capítulo tem sentido se aceitarmos a premissa de que o "azar" existe. Aos que estão interessados em observações científicas ou filosóficas (do mais alto nível, claro), oferecemos algumas elaborações e pensamentos dignos de se conhecer: O termo "azar" deriva do árabe "az-zahr", que são os **"dados"** utilizados no jogo, e é definido como a "suposta causa de acontecimentos não devidos a uma necessidade natural, nem a uma intervenção intencional, humana ou divina". Na história das ciências há numerosos e importantíssimos expoentes e correntes que não aceitam ou não o reconhecem como conceito. Sustentam que os acontecimentos atribuídos pelo homem ao "azar" **não são mais que a falta de capacidade física e mental deste para dominar todas as variáveis que governam tais feitos**. Diversas culturas trataram de responder aos questionamentos com argumentos filosóficos e teológicos, porém, o azar não tem origem na filosofia e nem na teologia, e sim, como observa Johab Huzinga, é uma instituição mais remota e elementar: **o jogo**. Na plenitude da condição humana, o jogo é uma paixão misteriosa, composta por um material de sonhos e uma força cega de transgressão. Uma das afirmações mais polêmicas de Albert Einstein foi: **"Deus não joga os dados"**. Se referia a que esse mundo é assim, porque é assim. A Física nos diz que há outros mundos possíveis, diferentes modos de transformação da energia, que poderia haver muitas formas distintas de vida e tantas formas diversas de existência, que que poderiam em nada se assemelhar à nossa. Com essa marcante frase, Einstein tenta explicar que **o azar não existe**, que o mundo não é uma formação casual, dentro das infinitas possibilidades que existem. Há um só Universo, ou um só Universo de universos, e este é assim por que SIM, por **que além disso, não há resposta para o homem**. O que há mais além do Homem e do Universo É O QUE É. Afirma que não é o **Nada**, nem o **Vazio**, nem o **Caos** o que deram origem ao mundo, tal como o vemos ou podemos interpretá-lo. **Por fim, o azar não é mais que o eufemismo com o qual se pretende cobrir a grande lacuna da ignorância. Quando o cientista desconhece as causas de algo, chama de azar e está tudo explicado.**

Como aponta Phil Hellmuth[9]: **"Se a sorte não influísse no poker, eu ganharia sempre"**. Nós, dizemos o mesmo (modéstia à parte).

Poderia afirmar-se que, salvo no xadrez, ou no go, em todos os jogos, em maior ou menor escala, o azar tem o seu espaço, incluídos os de habilidades físicas.

No golfe, por exemplo, uma tacada errada pode bater em um obstáculo e parar em uma boa posição ou mesmo acabar com a jogada, parando em uma situação impossível de se acertar o buraco, levando a uma quantidade de tacadas que tornaria impossível a vitória em um torneio.

No futebol, a diferença entre uma bola que bate na trave e a que vai para a rede é insignificante do ponto de vista da distância, e o resultado não depende da habilidade de quem bateu na bola. Tem o morrinho artilheiro, o zagueiro que desvia no meio do caminho e por aí vai...

No tênis, a bola que bate na rede e cai do outro lado depende da sorte (quem não se lembra da cena de "Match Point" o famoso filme de Woody Allen). E assim, poderíamos enumerar vários exemplos.

Se jogarmos uma moeda para o alto uma vez, sairá cara ou coroa, puro jogo de azar. Entretanto, se jogarmos cem vezes, a quantidade de vezes nas quais sairá uma ou outra alternativa irá igualando-se e, se jogarmos infinitamente, será exatamente a mesma quantidade de caras e coroas. É uma lei matemática.

Tudo isso, se aplicado ao poker, significa que o azar poderá nos ajudar a ganhar uma partida, um torneio e até mais de um, mas, **no longo prazo**, a sorte tende a ser igual para todos. E esses conceitos devem medir-se, necessariamente, com essa ótica, a do longo prazo.

Embora o jogo seja de habilidade, nunca poderemos ignorar ou deixar de reconhecer que frequentemente se observam fases, boas ou más, épocas nas quais tudo dá certo e outras, em que não importa o que fizermos, dá tudo errado[10].

---

9 - É um dos jogadores mais bem-sucedidos de todos os tempos. O desempenho dele na Série Mundial (WSOP) é muito melhor do que muitos jogadores poderiam chegar a sonhar. Tem o recorde de treze braceletes (superando Doyle Brunson e Johnny Chan), sendo um dos grandes ganhadores de todos os tempos, com mais de US$6 milhões em ganhos e tendo ficado na zona de premiação (In the Money) em mais de 80 eventos. Um dos seus braceletes foi conquistado em 1989, quando ele tinha apenas 24 anos (Fonte Wikipedia)

10 - Não existe o azar, nem evento fortuito na natureza do qual não haja efeito sem causa suficiente, e onde todas as causas atuam segundo leis fixas, seguras, que dependem das suas propriedades essenciais, assim como das combinações e das modificações que constituem o seu estado, sendo permanente ou passageiro. Barão de Holbach

Em definitivo, é inegável que existem jogadores mais afortunados ou agraciados do que outros e, como se escuta habitualmente, **tem gente que tem mais sorte do que juízo**.

Este tema também foi abordado na Justiça em muitas ocasiões. Entre outros casos passados, é interessante comentar a sentença dada há pouco tempo, pelo Tribunal Supremo da Suécia.

O caso havia se originado depois de que os organizadores de um torneio de Texas hold'em foram acusados de violar as leis do jogo. Em primeira instância, os responsáveis foram declarados culpados e presos. O Procurador-Geral solicitou então, a atenção do Supremo Tribunal.

Esse debate foi de vital importância, considerando que, segundo as leis do país, deve haver um grau considerável de influência do azar para que o jogo seja ilegal.

A defesa argumentava que a trajetório do torneio demonstrava, por si só, que a técnica e o conhecimento incrementavam as possibilidades de êxito, mais do que a sorte.

Na qualidade de testemunha, um jogador profissional deu aulas aos juízes para demonstrar-lhes as habilidades requeridas pelo jogo.

Ainda assim, afirmou que o resultado dependia da "ousadia, paciência e experiência, do conhecimento matemático e do estado psicológico".

Sustentou que adquirir essas habilidades requer muito tempo e que "nunca se termina de aprendê-las totalmente".

Outra testemunha foi um reconhecido matemático que, depois de realizar a análise estatística correspondente, afirmou que a sorte tem certa importância, mas que "depois da primeira carta, o que importa são as habilidades".

Como em muitos outros países, o Tribunal reconheceu que o poker Texas hold'em se baseia, principalmente, na estratégia e na habilidade, com um grau adicional de azar.

Foram feitos numerosos estudos científicos que confirmam esse predomínio. E isso é tão claro que há uma infinidade de escolas e academias, e foram escritos centenas de livros e milhares de artigos.

Se o poker não fosse um jogo de habilidade, para que aprendê-lo? Para que se preocupar em saber jogar melhor?

E o que seria pior: para que estaríamos escrevendo este livro?

De fato, sem a necessidade de muita análise, uma das melhores formas de reconhecer as afirmações anteriores é lembrar que quem habitualmente ganha os torneios, ou chega as posições finais, são uma elite.

Poderia se pensar em boas fases, mas, quando a história mostra e a experiência se repete com tantos bons jogadores, concluímos que a técnica supera amplamente o azar.

Ou, talvez, como defende Mark Pilarski[11]: "Quanto melhor você joga, mais sorte você tem".

Finalmente, quiçá o melhor argumento para demonstrar a situação foi dado por Sklansky[12], e tem mais a ver com perder que com ganhar. Ele nos diz: "Imaginemos que você perder de propósito em um jogo de pura sorte, como a roleta, será impossível. Não podemos jogar deliberadamente nem mal, nem bem. O mesmo não acontece no poker, que oferece múltiplas possibilidades de fazer o necessário para perder.

No poker não ganha quem tem a melhor **mão**, e sim, quem melhor decide como jogá-la".

Nada menos que Shakespeare disse, faz tempo que **"o destino é quem embaralha as cartas, mas somos nós que as jogamos".**

Por isso "não coloque a culpa na má sorte quando perder e nem diga que ganha graças a sua habilidade. Se você pensa que não tem nada que aprender, está garantido que você não aprendeu, nada". (Chris Ferguson)[13].

Como defende Phil Hellmuth, **"O poker é 100% habilidade e 50% sorte"**.

---

11 - É uma reconhecida autoridade no jogo. Atualmente escreve uma coluna de divulgação nacional nos Estados Unidos, é um destacado crítico e colaborador de numerosas revistas, e é o criador do best-seller "Hooked on Winning".

12 - David Sklansky é um destacado jogador profissional, nascido em 1947 em Nova Jérsei. Ganhador de três braceletes da World Series of Poker, é conhecido e respeitado no circuito do poker profissional e é considerado uma autoridade no jogo. Também ganhou o evento poker By The Book que ocorreu durante o World Poker Tour, onde venceu Phil Hellmuth, Mike Caro, TJ Cloutier e Mike Sexton, para finalmente vencer Doyle Brunson. Sklansky é autor e coautor de 13 livros de poker e de teoria das apostas, e para muitos, é o teórico máximo do esporte.

13 - Chris Jesus Ferguson nasceu em 11 de Abril de 1963 em Los Angeles, CA (Estados Unidos). Seus pais são doutores em matemática, e o seu pai inclusive ensina Teoria dos Jogos e Probabilidade Teórica na UCLA, importante universidade local. Desde que começou o colégio, Chris demonstrou o seu amor pelos livros. Depois de se formar, decidiu fazer doutorado em Ciências da Computação, com a especialidade em Algoritmos em Virtual Network. O seu jogo é tremendamente matemático, e demonstra a cada torneio seu alto conhecimento dos números e da teoria do poker. Ferguson aprendeu a jogar poker antes dos 10 anos, e sempre jogava com amigos ou conhecidos para conseguir alguma renda extra. Muito antes da existência de qualquer site de poker, Chris começou a jogar poker na internet em um canal do saudoso IRC. Rapdimente se converteu em um dos jogadores mais conceituados de torneios dali. Em 1994, reconheceu que o seu domínio da teoria do jogo era uma arma muito poderosa e começou a jogar torneios pequenos em Los Angeles e arredores. Um ano mais tarde, Chris jogou seu primeiro evento na WSOP. Apesar de ter jogado relativamente poucos torneios nestes cinco anos, chegou a sete mesas finais. No novo milênio, mostrou a sua força. Ganhou o Evento Principal em 2000, que apareceu no livro "Postively Fifth Street" de James McManus. Esse seria o seu segundo bracelete nesse ano, depois da impressionante vitória no evento de 7-Card Stud. Ganhou o bracelete seguinte no evento Omaha Hi/Lo Split em 2001, seguido por mais duas vitórias em 2003. Desde que começou a jogar esses eventos da Série Mundial, conquistou 5 vezes o primeiro lugar, chegou a 25 mesas finais e ficou na faixa de premiação em 42. Com a sua recente vitória no World Series of Poker Circuit e mais uma mesa final, totalizou US$4 milhões somente na WSOP e WSOP Circuit. Recentemente regressou ao mundo do poker online, implementando as suas próprias idéias para melhorar o poker online, além de organizar uma equipe de jogadores e programadores para desenhar o software do FullTiltPoker.com

NT: O Full Tilt fechou as suas portas no dia 15/04 em função da Black Friday (proibição de jogo online nos Estados Unidos). Ferguson é acusado de usar os fundos dos jogadores indevidamente. Porém, os seus feitos não devem ser apagados.

II. O Poker Como Esporte

B. Reconhecimento como esporte mental

Em 29/04/2010, a Associação Internacional de Esportes Mentais (IMSA), declarou o poker como tal, igual ao xadrez, go e bridge.

Esta determinação influirá na possibilidade de escolha do poker como modalidade nos Jogos Olímpicos de 2012. Vale lembrar que, em 2008, em Pequim, se disputaram os primeiros Jogos Mundiais dos Esportes da Mente.

Além das notícias impactantes, este grande avanço no reconhecimento do status do poker, é o resultado de uma melhor compreensão dos mecanismos inerentes ao jogo.

C. A legalização dos jogos ao vivo e online

Uma das consequências dessa qualificação está vinculada à organização de eventos, a legalização de salas para realizá-los e à legalização da prática do poker pela internet.

A situação é diferente ao redor do mundo, tendo-se conta que se trata de um fenômeno novo[14].

---

14 - Como é conhecido, os Estados Unidos são uma nação com organização federalista, razão pela qual as normas de legalização para jogos presenciais dependem da decisão de cada Estado integrante, e estas são, certamente diferentes. O jogo pela internet envolve toda a nação, então no dia 28 de julho de 2010, o Comitê de Serviços Financeiros da Câmara, aprovou a regulamentação que permitirá aos norte-americanos apostar online. A denominada Lei do Jogo pela internet, Proteção ao Consumidor e Aplicação da Lei 2009, estabelecia uma regulamentação federal e um marco de aplicação sob a qual os operadores de apostas por internet poderiam obter licenças que os autorizam a aceitar apostas dos residentes nos Estados Unidos. Esta legislação veio como resposta a promulgação da "Unlawful internet Gambling Enforcement Act o UIGEA (Lei de Ilegalidade das Apostas na internet) que restringia aos norte-americanos ao uso de sistemas pagos para jogar online, o que provocou a conhecida "Black Friday" quando, a partir de investigações do FBI, se proibiu a atividade das salas de poker online. Mas, deve ficar claro, a motivação não era a ilegalidade, nem o critério técnico do jogo, e sim a aparente transgressão às normas sobre o trânsito de dinheiro pela internet. A situação nos principais países europeus está assim: a Itália foi um dos primeiros países do Velho Continente a legalizar o jogo online, e agora, é um grande mercado; A vizinha Grécia, ainda que não tenha vetado, aplicou um regime de licenças e impostos de 6% sobre o volume de negócios; Áustria, Suécia e Inglaterra também o legalizaram. Na França, estão aprovados, mas também incide um imposto especial. Se espera que a Holanda seja o próximo país europeu a legalizar o poker. Para isso, influi um recente veredito da Corte de Den Haag (Haia) a favor daqueles que o defendiam como um jogo de habilidade. Na Suíça, ao contrário, a justiça entendeu que é um jogo de azar e, recentemente, ocorreu o mesmo na Polônia. NT: Aqui no nosso Brasil, em todo o território está proibida a exploração de jogos de azar, exceto as Loterias. Os cassinos deixaram de funcionar em 1946, contudo, o poker foi amparado por laudos e pareceres como o do Doutor Miguel Reale que o comprovaram como jogo de habilidade, tendo então, os clubes e torneios de Poker obtido alvarás de funcionamento. Aliado a isso temos federações e Confederação fortes e atuantes.

D. Entidades que regem o poker e eventos

Na atualidade, a apesar de ter sido oficialmente reconhecido como esporte mental, o poker não tem uma entidade internacional dirigente.

Existem várias organizações continentais ou transnacionais que o pretendem, mas nenhuma é unanimemente aprovada.

Também muitos países tem associações próprias, mas o caminho de uma organização mundial e formal do esporte ainda está longe.

IPF

A IPF (International Poker Federation), com sede em Lausanne, Suíça, é uma das mais notórias organizações, e o seu mérito maior foi conseguir o reconhecimento do poker como esporte

Se trata de uma organização sem fins lucrativos, constituída como entidade jurídica em conformidade com o Código Civil Suíço, e os seus objetivos principais são a normatização, promoção e fomento do esporte[15].

FIDPA

Segundo sua própria informação, a "Federation International de Poker Association" (FIDPA) é um organismo internacional moderador e líder reconhecido na promoção e no desenvolvimento do jogo.

A sua primeira missão foi a criação do "Regulamento Internacional do poker", com a cooperação da *Poker Tournament Directors Association* (TDA), Bob Ciaffone, autor de "Robert's Rules of Poker", e de muitas outras autoridades de todo o mundo.

Estas regras são as aplicadas pela WSOP, assim como nos principais ambientes onde se joga o poker, mundo afora.

---

15 - Os países que hoje integram essa federação são: Alemanha, Argentina, Armênia, Áustria, Bielorrússia, Bósnia Herzegovina, Brasil, Bulgária, Costa Rica, Chile, Chipre, Dinamarca, Eslovênia, Estônia, França, Geórgia, Holanda, Hungria, Inglaterra, Islândia, Cazaquistão, Lituânia, México, Mongólia, Nigéria, Polônia, República Tcheca, Romênia, Rússia, Sérvia, Ucrânia e Venezuela.

II. O Poker Como Esporte

WSOP

O principal torneio mundial é a World Series of Poker (WSOP)[16], organizado desde 1970 e com sede em Las Vegas.

WPT

O World Poker Tour (WPT) é outra série de torneios internacionais muito importante e extensa. Organiza etapas durante todo o ano e em diversas partes do mundo, mantém o seu ranking de jogadores e promove, de maneira ativa, a prática do esporte.

LAPT

O **Latin American Poker Tour (LAPT)** é o torneio mais importante do cenário do poker na América Latina. O Brasil inclusive sediou etapas no Rio de Janeiro (a primeira em 2008) e Florianópolis, e agora a sede tem sido São Paulo.

Muitos praticantes locais do esporte participam dos torneios classificatórios (satélites) ou mesmo dos torneios principais. Muitos profissionais reconhecidos participam em função da qualidade da organização e altas somas em premiação.

APTHA

Na Argentina, a Asociación Del Poker Texas Hold'em Argentino (APTHA), entidade organizada e reconhecida pelas autoridades administrativas correspondentes, assume a representatividade do esporte, organiza torneios e desenvolve toda a atividade relacionada.

É presidida por Carlos "Charly" González e é quem representa o país na IPF.

---

16 - O primeiro campeão do mundo foi Johnny Moss, que como dissemos antes, foi eleito "Melhor Jogador" por votação dos seus companheiros depois de uma longa sessão de cash game com apostas altas. No ano seguinte, Moss manteve o título. Em 1972, a série foi vencida por Amarillo Slim Preston, que ao balançar sua capa vermelha de "matador" atraiu a atenção do público. Em 1973, a CBS Sports transmite a WSOP pela primeira vez. As imagens daquela que foi a quarta edição da Série, mostraram cenas cômicas para os padrões modernos: camisas de lapelas largas, camisas de bolinhas e cigarros queimando na mesa final, o que consiste em uma bela viagem ao tempo. Puggy Pearson foi o campeão, e depois Johnny Moss levaria o seu terceiro campeonato. No ano seguinte, surgiu Doyle Brunson no cenário, e ele marcou época com títulos consecutivos. Em 1979, pela primeira vez, aconteceu a vitória de um amador. Hal Fowler prevaleceu sobre a elite, na sua única vitória, uma vez que não mais voltaria a jogar. Em 80, Stu "The Kid" Ungar, garoto de Nova Iorque, quebrou o domínio texano e venceu, repetindo o feito em 81 e 97. Em 1983 surgiram os torneios satélites (classificatórios) de menor valor. Desde 2003 a rede Harrahs adquiriu os direitos para ser o anfitrião oficial do torneio, que se celebra anualmente.

FAPOKER

A Federação Argentina de Poker (FAPoker), fundada em 20 de junho de 2011, é uma Associação Civil sem fins lucrativos, cujo objetivo é converter-se em entidade reitora de tudo que se relaciona com o poker, na qualidade de esporte mental, com sede constituida na cidade de Buenos Aires e com alcance jurisdicional em toda a Argentina.

Tem como finalidade a sua promoção, fomento, desenvolvimento e aperfeiçoamento em todo o território argentino.

Se propôs a criar um Ranking Nacional de Poker e a facilitar aos jogadores argentinos a sua participação em torneios internacionais.

Atualmente é presidida por Daniel Bañon.

A CBTH*

No Brasil, temos a CBTH (Confederação Brasileira de Texas Hold'em) dirigida por Igor Trafane "Federal". A entidade lutou (e venceu) pelo reconhecimento do poker pelo Ministério dos Esportes, trabalhou na obtenção de pareceres jurídicos, além de desenvolver e fomentar a prática do esporte em todo o território brasileiro. Em 2012, aconteceu a primeira convocação de uma seleção, que nos representou na Copa do Mundo, em Londres.

---

* Nota do tradutor

III. As regras do Texas Hold'em

Para quem o joga, o poker é uma diversão;
Para quem o conhece, é uma paixão

A. As cartas

Para jogar o Texas Hold'em se utiliza um baralho de 52 cartas francesas sem curingas. Frequentemente estas cartas são confundidas com as inglesas. Mas as denominações são diferentes.

Os ingleses tomaram o modelo francês para criar o seu baralho, modificando alguns detalhes. Os naipes são semelhantes, mas as imagens são mais abstratas e se adaptaram ao modelo inglês com as iniciais das figuras. Deste modo temos: J(Jack), o nosso conhecido valete que substituiu o V (Valet); Q(Queen), a famosa dama, do francês D (Dame); o rei, que no inglês é o K(King) e na língua de Zidane R (Roi) e o 1, foi substituído pelo todo-poderoso A (ace em inglês, ás no nosso português). Nos tempos modernos, se incluiu o "Joker" que é o curinga.

Como contamos, pela origem, o baralho utilizado é o francês, com as adaptações mencionadas.

Como em todos os esportes, à medida que se ganha experiência, se desenvolvem as preferências a respeito de todos os apectos inerentes a prática do jogo.

Assim como os jogadores de futebol escolhem as suas chuteiras, ou os tenistas tem as suas raquetes preferidas, no poker também temos nossos baralhos favoritos. Existem de todos os tipos, desenhos e texturas.

B. Escala de valor das cartas

As cartas tem diferentes valores.

A seguir, vamos mostrar, de maior para a menor, destacando que o ás é a carta mais alta, exceto quando entra na parte baixa da sequência de ás a cinco. Em todos os outros casos, é a maior carta:

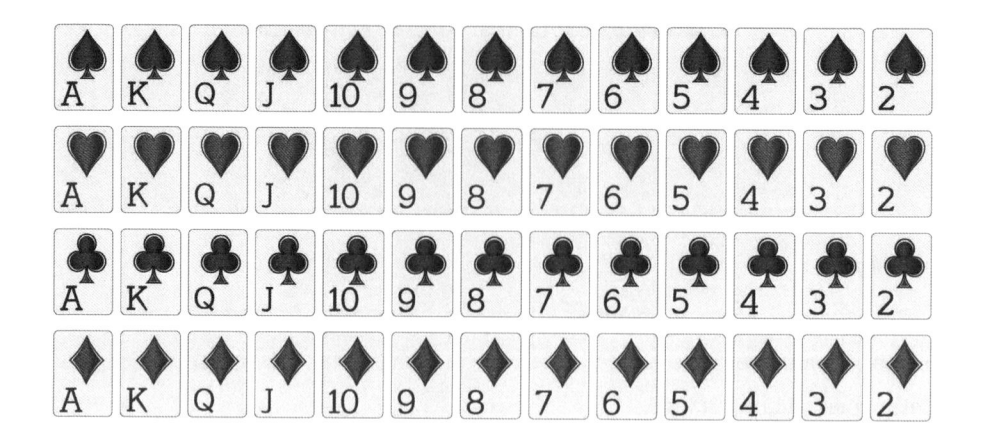

A♠	K♠	Q♠	J♠	10♠	9♠	8♠	7♠	6♠	5♠	4♠	3♠	2♠
A♥	K♥	Q♥	J♥	10♥	9♥	8♥	7♥	6♥	5♥	4♥	3♥	2♥
A♣	K♣	Q♣	J♣	10♣	9♣	8♣	7♣	6♣	5♣	4♣	3♣	2♣
A♦	K♦	Q♦	J♦	10♦	9♦	8♦	7♦	6♦	5♦	4♦	3♦	2♦

Não existem naipes de maior valor do que os outros (por exemplo: todos os ases têm o mesmo valor, assim como as demais cartas). Não há desempate por naipes.

C. Regras básicas

O Texas hold'em é a variante do poker mais fácil de aprender, mas uma das mais difíceis de jogar.

É um estilo de jogo daqueles que são denominados "abertos" (além das suas próprias cartas, há cartas comunitárias abertas na mesa, isto é, que são conhecidas e utilizadas por todos os competidores) e "sem descarte" (não há troca de cartas, total ou parcial).

Se disputa em uma mesa especial, na qual podem competir de dois a dez participantes. É **individual** e todos jogam contra todos.

Se divide em mãos de jogo independentes (normalmente duram entre dois e cinco minutos). No fim de uma mão, se inicia automaticamente a próxima, no sentido horário. (não há troca de lugares).

O objetivo é simples: ganhar o **pote**, isto é, as fichas que estão no meio da mesa e que foram colocadas pelos jogadores durante as rodadas de apostas de cada **mão**.

Não é obrigatório entrar (jogar) em todas as mãos. Cada competidor decide fazê-lo de acordo com sua estratégia. Mas, para participar, deve-se pagar a aposta mínima (big blind) ou a aposta feita pelos outros.

III. As Regras do Texas Hold'em

Há duas formas para ganhar uma **mão**, e levar as fichas em disputa:
1. **completar o jogo mais valioso, ou**
2. **conseguir que todos os oponentes abandonem a mão ao não aceitarem uma aposta feita.**

Os **jogos** consistem em combinações previamente estabelecidas de **5** cartas e possuem diferentes valores.

Para formá-los, se escolhe o melhor conjunto de **5** cartas, podendo para isso, utilizar-se das **2 cartas individuais e exclusivas** que cada jogador recebe, e que são fechadas, e as cinco comunitárias que são abertas na **mesa**.

Cada competidor possui uma quantidade de fichas em jogo, que recebe logo ao sentar-se à mesa. Seja de dinheiro virtual (torneios), seja de dinheiro real (cash game) e que servem para realizar as apostas.

Cada mão tem várias etapas de jogo.

Primeiro se distribui as 2 cartas individuais, que são só disponíveis ao jogador que a recebe, estão fechadas. E em cada etapa seguinte, vão se abrindo sobre a mesa as 5 cartas comunitárias, em etapas, que podem ser vistas por todos.

Em cada uma das etapas da mão, os participantes decidem a sua jogada. Podem apostar uma quantidade de fichas (bet), pagar (ou aceitar) essa aposta do outro e seguir na mão (call ou pagar), procedimento esse, que é feito colocando a mesma quantidade de fichas da aposta do jogador, aumentar a aposta (raise) ou abandonar a mão (fold, desistir) ao não aceitar a aposta.

Cada etapa de uma mão termina quando ninguém mais aumentar a aposta e as mesmas, feitas até esse momento, forem pagas (call) por alguém no jogo ou quando nenhum participante apostou (check – dar mesa).

Daí temos uma nova etapa, onde conhecemos mais uma carta comunitária e uma nova fase de apostas).

Cada mão finaliza-se quando se cumprirem todas as etapas ou quando ficar apenas um competidor no jogo, com a desistência dos demais participantes.

Se trata de um jogo baseado em informação incompleta (apenas imaginamos o que os nossos adversários podem ter na mão, e as cartas comunitárias são conhecidas por etapas, e não de uma vez só).

Quem melhor calcular as suas possibilidades relativas de completar um jogo, terá maior facilidade para tomar as suas decisões: apostar, pagar, aumentar ou desistir.

Mas também se pode empregar uma estratégia para "expulsar" os rivais da mão, mediante grandes apostas, de modo a se levar o pote formado até esse momento. Essa estratégia tem muito efeito quando estamos blefando (aposta sem possilbilidade real de completar um jogo, mas que faz parecer tê-lo).

Essa tática também pode estar baseada em ter bons jogos com a intenção de não permitir aos rivais completar um maior com as cartas comunitárias que ainda não foram abertas.

A grande virtude de um jogador é fazer uma "leitura" correta de cada situação (estabelecer as suas verdadeiras possibilidades e as que imagina que possam ter os rivais), e decidir a sua jogada apropriadamente, seja para ganhar a maior quantidade de fichas com um jogo completado, roubar o pote com um blefe ou para perder o mínimo possível.

D. Os tipos de jogos e os seus valores

Existem nove combinações de cartas que formam os possíveis e diferentes jogos. Se nenhuma for concretizada, ganha quem tiver a carta mais alta de todas.

Este ranking é semelhante, sem importar o tipo, modalidade ou variante do poker que se jogue. É praticamente universal. Vamos mostrar, do maior para o menor valor, no quadro da seguinte página.

E. As fichas

As fichas (chips) são elementos de plástico, acrílico ou de metal, representativos de dinheiro real (nos cash games) ou de valor simbólico (nos torneios). O total de fichas que um jogador tem sobre a mesa consiste no seu stack.

Os stacks podem crescer ganhando as mãos ou comprando e adicionando mais fichas antes de iniciar-se uma mão.

As fichas não podem superar o limite máximo estabelecido para esse nível de mesa.

III. As Regras do Texas Hold'em

(RANKING DE VALOR DOS JOGOS)

Em nenhum caso, as fichas que estão em jogo podem ser retiradas.

RANKING DE VALOR DOS JOGOS			
JOGO	TERMO EM INGLÊS	COMO SE FORMA	EXEMPLO
Royal flush	Royal flush	Cinco cartas consecutivas, de A a T, do mesmo naipe	A♥ K♥ Q♥ J♥ 10♥
Straight flush	Straight flush	Cinco cartas consecutivas quaisquer, exceto o exemplo acima, do mesmo naipe	J♣ 10♣ 9♣ 8♣ 7♣
Quadra	Four of a kind	Quatro cartas de mesmo valor	K♦ K♣ K♥ K♠ 10♦
Full house	Full House	Uma trinca e um par	9♠ 9♥ 9♣ 5♥ 5♦
Flush	Flush	Cinco cartas, não em sequência, do mesmo naipe	J♦ 10♦ 4♦ 3♦ K♦
Straight ou sequência	Straight	Cartas, de naipes diferentes, em sequência	K♠ Q♣ J♦ 10♥ 9♣
Trinca	Three of a kind-set	Três cartas do mesmo valor	5♠ 5♣ 5♦ K♠ J♠
Dois pares	Two pairs	Define-se por si só	J♥ J♣ 7♥ 7♠ A♥
Um par	One pair[17]	Define-se por si só	Q♣ Q♥ 10♦ 2♦ 9♠
Carta alta	High card	Define-se por si só	A♦ 10♣ 9♥ 6♦ 3♠

---
17 - Alguém já disse que o amor é como o poker: "É muito bom ter um par, mas o que dizer de dois pares? Nem vou falar de um trio...

F. As mesas de jogo

As mesas abrigam até 10 jogadores. No heads-up (um contra um, mano a mano) se utiliza uma mesa especial, menor e desenhada para dois jogadores.

Algumas mesas tem uma linha que separa a área indiviudal dos jogadores (onde estão as suas fichas e cartas) e a parte onde ficam as fichas e as cartas comunitárias abertas.

G. Desenvolvimento do jogo

Distribuindo as cartas

A ação da distribuição das cartas aos jogadores, geralmente é feita por um profissional (chamado dealer), porém, é considerado "dealer" o jogador sentado na última posição da mesa, também denominado *button* (botão).

Este termo nasce da frase inglesa "dealer button", denominação aplicada a quem dá as cartas.

Esta posição é trocada a cada mão, para que ao fim de uma órbita, todos os jogadores tenham ocupado essa posição.

Para marcar a posição, se utiliza uma peça ou ficha, de tamanho maior, exposta sobre a mesa. As mão seguintes continuam no sentido horário, e passando sempre o botão para a o próximo jogador.

O jogo começa com a distribuição das 2 cartas fechadas (cartas individuais) de cada participante, começando pelo primeiro à esquerda do dealer.

As jogadas

Quando for sua vez em uma mão, cada jogador poderá agir de maneira diferente. A seguir as ações possíveis.

- **Fold** (desistir, retirar-se): não pagar, não aceitar uma aposta e abandonar a mão, jogando fora suas cartas individuais, em direção ao centro da mesa.
- **Bet** (apostar): a ação de apostar o valor desejado, em qualquer momento.
- **Call** (pagar): pagar uma aposta, ou aceitá-la, colocando a mesma quantidade de fichas proposta por outro jogador no centro da mesa, sempre anunciando.
- **Check** (aqui no Brasil, "dar ou pedir mesa"): não apostar e passar a vez da ação para o próximo competidor. Só se pode continuar no jogo se ninguém apostar ou se pagar alguma aposta de jogador à sua esquerda.
- **Raise** (aumentar, subir): subir uma aposta. Pode ser a aposta mínima, ou uma aposta anterior.
- **Reraise** (novo aumento, nova subida): novo aumento sobre aposta anterior.

Ao apostar, se obriga os oponentes a tomar uma decisão: os que tiverem uma mão ruim, provavelmente deverão desistir (fold); quem tiver uma mão razoável, poderá pagar (call), com o objetivo de continuar no jogo e tentar melhorar as suas possibilidades com as cartas comunitárias; quem acreditar ter uma mão superior a do jogador que apostou, poderá igualar ou subir (raise) ou ainda pode fazê-lo sem jogo, passando um blefe.

Um raise (subir uma aposta) habilita qualquer jogador seguinte a um reraise (novo aumento).

O sentido da distribuição das cartas e das ações dos jogadores é sempre no sentido horário. Correlativamente, para a esquerda.

A antecipação de uma ação, além de ser sancionado, pode invalidar a possibilidade de fazer uma aposta ou um raise, na sua vez.

Nesse aspecto, as regras locais podem prever consequências diferentes que devem estar especificadas.

Formas de manifestar as jogadas

As jogadas podem ser anunciadas oralmente (em voz alta) ou gestualmente. Se forem feitas de ambas as formas, predomina a verbal.

Os gestos ou sinais indicativos de uma determinada ação, apesar de não estarem escritos ou especificados, são universais. Estes devem ser claros e inequívocos. Por exemplo:

- **check(mesa):** bater na mesa uma ou duas vezes é um gesto universal dessa ação, que passa a vez para o próximo jogador.
- **bet (apostar):** colocar uma determinada quantidade de fichas no meio da mesa.
- **call (pagar):** colocar igual quantidade de fichas que as da aposta de outro jogador, ou uma só de maior valor (sem anunciar aumento).
- **raise (subir, aumentar):** colocar o dobro ou mais de fichas que a última aposta (com mais de uma ficha, ou anunciando antes)

Em alguns lugares, podemos ter regras diferentes, porém, tudo deve estar previamente anunciado e conhecido pelos jogadores.

Por exemplo, em alguns lugares consideram como apostado o montante de fichas ou da ficha que passa da linha e vai para a parte geral da mesa (quando não se colocam todas juntas e não se anunciou previamente o valor).

Se anunciado previamente, o valor verbalizado prevalece sobre o total de fichas que o jogador colocou fisicamente na mesa.

As apostas

Existem dois tipos de apostas: Obrigatórias e voluntárias.

As apostas obrigatórias: blinds e antes

Devem estar colocadas antes de começar a distribuição das cartas. Os blinds são dois: small blind e big blind.

O small blind deve ser postado pelo jogador sentado imediatamente à esquerda do botão (button), e corresponde à primeira posição, e o big blind está localizado a esquerda deste, constituindo-se na segunda posição.

III. As Regras do Texas Hold'em

O valor do big blind geralmente é o dobro do valor do small blind, e é previamente estabelecido segundo o nível de apostas da mesa, ou do grau de avanço de um torneio.

Para continuar participando de uma mão, se deve, no mínimo pagar (call) o valor do big blind.

Estas posições, como todas, passam ao jogador seguinte em cada mão, e por isso, ao final de uma órbita, todos as terão ocupado.

Nos cash games, o valor dos blinds não se altera e determina o nível das apostas da mesa. Nos torneios, ao contrário, aumenta em períodos de tempo pré-determinados (níveis de de blinds).

Também previamente estipulado, deve estar a presença de outra aposta obrigatória chamada *ANTE*. É um valor que todos os jogadores devem postar antes de serem entregues as cartas.

É frequente nos torneios, a partir de determinadas etapas, e alguns cash games também o contam como aposta.

Com todas essas apostas, se forma o pote inicial de uma rodada.

As apostas não obrigatórias

As apostas voluntárias (bet, raise ou reraise) consistem de uma quantidade de fichas que um jogador usa para incrementar o pote. Ele anuncia verbalmente o seu valor e as coloca no centro da mesa. Estas devem ser pagas ou aumentadas pelos outros jogadores para que o jogo possa continuar.

Se nenhum jogador pagar, o pote formado até esse momento é do jogador que fez a aposta. Este jogador, não tem a obrigação de mostrar a sua mão.

Etapas do jogo

Cada mão, consiste de cinco etapas, e nas quatro primeiras, se realizam as apostas:

1. pré-flop
2. flop
3. turn (quarta carta)
4. river (quinta carta)
5. showdown

Vamos analisar cada uma!

Primeira etapa – o pré-flop

Cada jogador, vendo as suas cartas individuais, decide a jogada e, na sua vez, informa a sua ação em voz alta ou com sinais e gestos. É importante lembrar que, nesse momento, não se abriu nenhuma carta comunitária.

O valor de um raise (aumento) ou de um reraise (novo aumento) deve ser, no mínimo, o da diferença entre a aposta do primeiro jogador e a de quem efetuou o raise (aumento).

Em algumas regras locais, deve ser, no mínimo o dobro do valor da última. Em todo caso, o valor do aumento inicial, deve ser no mínimo o dobro do big blind.

Segunda etapa – o flop

O flop (as três primeiras cartas comunitárias) é aberto na mesa se permanecem no jogo, pelo menos, 2 jogadores, logo depois da primeira etapa de apostas (pré-flop)

O dealer descartará a primeira carta fechada do baralho, ao que chamamos de carta queimada, que é um procedimento feito para evitar irregularidades, daí, então, abrirá as três cartas na mesa, que constituem o FLOP.

Uma vez que essas cartas estejam abertas, começa a segunda fase de apostas. Nesse momento, já não há apostas obrigatórias.

Novamente, se ficar apenas um jogador, este ganhará sem a obrigação de mostrar o que tem na mão.

Se todos derem mesa (check) ou se, pelo menos, dois jogadores tivessem apostado e efetuado o call (pagar), passamos a próxima etapa.

Terceira etapa – o turn ("quarta carta")

O dealer novamente repetirá o procedimento de queimar uma carta (descartá-la fechada na mesa) e abrirá o turn (quarta carta comunitária) começando uma nova etapa de apostas.

Igual ao que acontece no FLOP, se ficar apenas um jogador na ação, ganhará sem necessidade de se abrir mais uma carta comunitária e de mostrar o seu jogo.

Se todos derem CHECK (mesa) ou se ficarem dois jogadores que apostaram e pagaram, passamos a etapa seguinte.

Quarta etapa – o river ("quinta carta")

Novamente se queima uma carta fechada do baralho, e se abre na mesa a última carta comunitária. O river.

Uma vez vista, começa a última fase de apostas da mão.

Quinta etapa – o showdown

Concluída a rodada do RIVER – apostas e ações efetivadas com todas as cartas comunitárias já abertas, os participantes que se mantiveram no jogo mostram as suas cartas fechadas. Essa etapa é conhecida como showdown.

Ganha quem tiver conseguido completar o melhor jogo, combinando qualquer carta da sua mão com as comunitárias (sempre lembrando que devem ser cinco no total), levando o pote.

Em caso de empate (jogos de igual valor), o pote é dividido entre os ganhadores, em partes iguais. Se o valor for ímpar, o excedente fica para o jogador das primeiras posições.

Terminada assim a mão, o dealer button (botão) é passado ao jogador à esquerda, e novamente as cartas são embaralhadas e distribuídas aos jogadores.

IV. Conceitos Básicos do Texas Hold'em

*No poker, o importante não é competir e sim
ganhar e expor os outros ao ridículo.*
Um "cavalheiro" do esporte

A. Noções básicas

Uma boa maneira de introduzir-nos nessa modalidade do poker é fazê-lo progressivamente. Devemos ir do geral ao particular, e do mais importante ao menos relevante.

Há vários tópicos para conhecer e investigar, por isso, começaremos enumerando as noções básicas e fundamentais e os conceitos, conselhos e termos que nos acompanharão em cada jogo, nas leituras, e com os quais devemos nos familiarizar.

Neste e no próximo capítulo, incluiremos o essencial para entender esse novo mundo, para que fique mais fácil a compreensão, e para descobrir os temas que fazem parte desse aprendizado.

Logo serão tratados, em particular, em cada capítulo, e mais profundamente no volume que dedicaremos ao aperfeiçoamento.

Por isso, agora, o primordial.

O valor

Como disse Einstein: "No poker, tudo é relativo, nada é absoluto".

Na verdade, o Einstein em questão é nosso amigo Jacobo Einstein (o "Russo"), alguém que não trabalhou na vida, mas de que sabe de tido sobre poker, e que nos dá a primeira lição*.

---

* Seu homônimo "famoso" foi Albert Einstein, de quem nosso amigo tomou alguns dos seus conhecimentos. AE, é considerado o cientista mais importante do século XX. Em Novembro de 1915 apresentou uma série de conferências na Academia de Ciências da Prússia (Alemanha) nas quais descreveu a sua descoberta mais importante e conhecida: a Teoria da Relatividade Geral, com a qual veio a refutar e substituir a Lei da Gravidade de Newton. Nessa teoria, todos os observadores são considerados equivalentes e não unicamente aqueles que se movem com uma velocidade uniforme. A gravidade já não é uma força ou ação a distância, como era na Gravidade Newtoniana, e sim uma consequência da curvatura tempo-espaço (WIKIPEDIA). Este conceito modificou e revolucionou a ótica da física contemporânea, e deu um passo para o surgimento de todos os estudos cosmológicos modernos. Como para qualquer leigo é evidentemente difícil entender o alcance e significado desse desenvolvimento científico, o genial erudito se encarregou de proporcionar uma explicação ao alcance de todos. Ele a descreve da seguinte maneira: "Uma hora com uma linda jovem parece um minuto. Um minuto de brigas com a esposa, parece uma hora. Isso é a Relatividade"

Relativo do relativo

No Texas hold'em, não há certezas, e isso diz muito sobre o jogo. O que temos são hipóteses baseadas em conhecimentos, experiência e/ou deduções lógicas.

Sabemos que um jogo vale mais que outro, mas não qual mão tem o nosso rival até que ele a mostre no showdown. Entretanto, as jogadas acontecem, e nelas muitas vezes, arriscamos todas as nossas fichas.

É difícil saber também se alguém nos fez desistir de uma mão com uma aposta baseada nas suas cartas ou se estava blefando.

Há uma exceção, contudo. A diferença do poker tradicional, com descarte, na que não há jogo máximo (em função de que, neste, o straight flush menor ganha do maior, NT: Jogo muito praticado na Argentina), no Texas hold'em existe o NUTS (jogo imbatível).

Exatamente, com todas as cartas comunitárias conhecidas se lê qual é o melhor jogo que pode se formar na mão. Essa é a única oportunidade na qual nos encontraremos com algo rigorosamente seguro.

Bankroll

É o dinheiro total que você destinará ao jogo e deve tratá-lo como "capital de giro" de qualquer negócio.

Então temos que:

1. Determinar a quantia e separá-la da economia pessoal.
2. Estabelecer valores adequados às nossas possibilidades, e nisso está incluído o nível de jogo.
3. Tomar a decisão em família, ou escutar os profissionais.
4. Nunca renovar o bankroll até recompor a situação inicial, no caso de um revés inicial.

Alguém já disse: "O dinheiro é para jogar, o que sobra, para comer". Não podemos dar ouvidos a esse "alguém".

IV. Conceitos Básicos do Texas Hold'em

O pote

O pote é o valor das fichas em disputa a cada mão, e está integrado pelas apostas efetuadas, obrigatórias ou voluntárias, realizadas por todos os jogadores, inclusive pelos que já não estão mais jogando a mão.

O total das fichas que o formam se encontra no centro da mesa e será entregue ao ganhador.

Side Pots (potes paralelos)

Quando um ou mais jogadores colocam em jogo todas as suas fichas e não conseguem igualar a quantidade apostada por outros, temos os "side potes".

O primeiro se formará com o valor apostado até o momento mais o aporte que iguala quem possui menos.

O segundo, com os excedentes não alcançados por este e assim sucessivamente, se tivéssemos mais de um jogador na mesma situação.

Estes jogadores competirão por tudo, menos o "side pot" não coberto por eles, que qual será disputado pelos jogadores que tenham fichas suficientes para tal.

O rake (comissão e taxa)

O rake é a comissão que as salas cobram para organizar e oferecer os seus serviços. O hábito é que se cobre um percentual de cada pote nos cash games (geralmente 5% com um valor-teto) ou sobre o custo da inscrição (buy-in) do torneio (na faixa dos 10%).

Nos ring games ou cash games, o rake é descontado do pote antes do mesmo ser entregue ao ganhador.

Em alguns lugares nos quais o poker é jogado ao vivo, são estipuladas tarifas fixas por horas ou limites de rake. Cada organizador determina a sua forma, valor ou condições.

As mesas de jogo – posições à mesa

As mesas de jogo podem conter diferentes quantidades de jogadores. O número condiciona e modifica os parâmetros estratégicos do jogo, e a qualidade da posição (localização do jogador em cada mão) é de alta importância no momento de se desenhar uma tática vencedora.

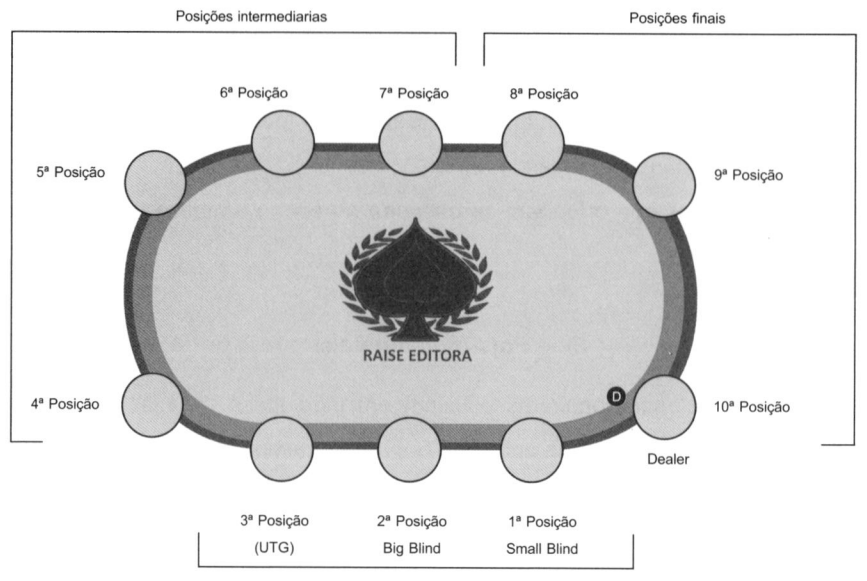

Quanto mais tarde se atua, isto é, quanto mais longe das apostas obrigatórias você estiver, melhor. Ajudará a ganhar mais mãos, a saber qual é a ação e o comportamento dos jogadores até poder tomar a sua decisão.

Os bons jogadores consideram que a posição é uma das vantagens mais relevantes no poker.

As jogadas

Já as conhecemos: fold (desistir, retirar-se), check (mesa, passar a vez), call (pagar), bet (apostar), raise (aumentar, subir) e reraise (novo aumento, nova subida). Quem paga o big blind antes do flop, é chamado de limper.

A única jogada combinada permitida no poker é o chop. Pode acontecer somente nos cash games, se todos os jogadores desistiram da mão até o small blind, que de comum acordo com o big blind, retiram as suas apostas e não jogam a mão. Nos Estados Unidos, o procedimento tem de ser feito a noite inteira caso seja combinado, e independente da mão que você receba.

IV. Conceitos Básicos do Texas Hold'em

Tipos de apostas

Basicamente, se dividem em duas classes

a) As apostas obrigatórias
- small blind ou SB
- big blind o BB
- *ante*, quando assim estiver estipulado.

A sua particularidade é que devem ser postadas antes do dealer distribuir as cartas.

b) as apostas voluntárias

São as efetuadas pelos jogadores uma vez que desejarem jogar.

As apostas podem ter motivações diferentes. São ações estratégicas, por exemplo:
- Value bets (apostas de valor), para maximizar o pote em disputa.
- Para jogar com poucos oponentes. Caso de pares na mão por exemplo.
- Para conseguir informação, para saber a situação dos adversários na mão.
- Blocking bets, ou apostas de bloqueio para evitar apostas grandes do oponente.
- Blefes ou semiblefes para roubar o pote, sem ter jogo.
- Continuation Bets (c-bets) após tas feita mesmo sem acertar a mão no flop, depois de ter efetuado um raise pré-flop e que demonstra força.

O straddle (aposta no escuro) é uma aposta de características especiais que é observada em cash games, e tem particularidades de acordo com a regra da casa ou cassino.

Consiste de outro jogador apostar o dobro do valor do big blind antes das cartas serem distribuídas. Isso o habilita a subir a aposta na sua vez, e pode ter variantes, de acordo com o lugar onde se está jogando.

Por exemplo, pode estar habilitado a fazê-lo somente quem estiver no UTG (under the gun), que é a primeira posição a esquerda do big blind.

Em alguns casos, se permitem straddles simultâneos, cada um na sua vez, e sempre com a obrigação de dobrar a aposta anterior.

Outra variante pouco habitual é o Mississipi Straddle. Pode ser feita por quem estiver no dealer button sempre ou quando o UTG não o tiver feito.

Segundo o seu valor em relação ao pote, as apostas se classificam em:
- small bets, apostas pequenas.
- overbets, mais altas que a quantidade de fichas no pote.
- all-in, todas as fichas jogadas.

Mãos

Habitualmente assim se denominam as cartas individuais, o jogo conseguido com as cartas comunitárias, e a cada rodada do jogo.

O uso indefinido do termo pode levar a confusões. Por isso, para facilitar a compreensão, distinguiremos os termos e definiremos o seu significado da seguinte maneira:

1. Cartas de mão (hole cards): as cartas individuais recebidas por cada jogador.
2. Jogo: formado com as cartas da mão e o bordo (cartas comunitárias).
3. Mão (hand): cada ciclo do jogo. Na Argentina também se chama de PARADA.
4. Etapa: As etapas de uma mão (pré-flop, flop, turn, river e showdown).
5. Volta/Órbita: O total de mãos que implica uma volta completa por todas as posições na mesa.

Algumas cartas da mão, por suas características especiais, recebem nomes genéricos, os principais são:

1. Par: um par na mão.

2. Conectores: Cartas conectadas. Duas cartas em sequência, ou próximas. Tipo 8-9, 7-9, 5-6, 3-5...

IV. Conceitos Básicos do Texas Hold'em

3.Draw: Projeto de jogo, geralmente para sequência ou flush. Segundo a sua textura tem denominações diferentes:

a) Draw de duas pontas para sequência (se concretiza com duas possíveis cartas conectadas nos extremos da sequência)

Nossas cartas de mão:

9♥ 8♥

O flop:

6♦ 7♠ K♣

Cartas que completam a mão:

5♦ 10♠

b) Draw de sequência com duas-brocas ou duas cartas na gaveta (Double belly-buster, double gutter, também se completa com duas cartas):

Nossas cartas de mão:

10♦ 8♦

O flop:

Q♥ 9♣ 6♠

Cartas que completam a mão:

7♠ J♣

c) Draw para sequência (se completa com apenas uma carta):

Nossas cartas de mão:

10♦ 6♦

O flop:

9♠ 7♦ A♥

Cartas que acertam a mão:

8♣

d) Draw para um flush (flush draw):

Nossas cartas de mão:

K♦ 9♦

O flop:

A♦ 2♠ 8♦

Cartas que completam a mão: qualquer carta de OUROS

4. premium: mãos de alto valor absoluto:

[A♦ A♥]

5. Suited: cartas do mesmo naipe:

[9♦ J♦]

6. Offsuit: cartas de naipes diferentes:

[K♠ Q♥]

7. Kicker: a carta que acompanha a nossa carta mais alta

[A♦ 10♣]

No poker importa tanto o valor da nossas cartas da mão, como estimar as dos rivais. Disso dependerá a estratégia do jogo.

A leitura de mãos é a técnica com a que os jogadores conseguirão decifrar o que o adversário tem, e se baseia na lógica dedutiva e experiência.

As duas cartas individuais tem valores diferentes, segundo a sua composição, e a partir disso, se formaram rankings de força hipotética.

Existe uma variedade de estudos e proposições que se referem ao que poderíamos denominar o "valor absoluto", que é genérico e predeterminado segundo as suas possibilidades matemáticas de êxito pré-flop, sem conhecer as cartas comunitárias.

Não obstante, cada mão tem uma potência ou valor relativo, que depende da sua comparação com as do restante dos rivais, a sua conexão com as cartas comunitárias, a quantidade de oponentes em jogo, e da posição que tenhamos na mesa.

Os jogos e os seus termos

Conhecidos os jogos que podem se formar, e o seu valor relativo para ganhar o pote, exporemos alguns termos vinculados e de uso habitual:

1. Muck: Não mostrar as cartas, seja pelo "fold" ou por ter sido vencido no showdown.
2. Overcards: quando as cartas individuais são mais altas que as do bordo (comunitárias).
3. Runner-runner: Completar a mão, acertando as cartas no turn e no river, necessariamente.
4. Rainbow: Quando o flop ou flop e turn mostrarem cartas de naipes diferentes.
5. Outkicked: Quando a nossa carta de apoio, o kicker é superada pela carta do nosso rival.
6. Coin flip (cara ou coroa): Situação na qual os dois jogadores têm as mesmas chances de ganhar a mão.

No Texas hold'em nunca há probabilidades iguais com cartas diferentes, e sim, muito próximas.

Torneios e cash games (jogos a dinheiro)

Os torneios são partidas que se jogam em uma ou em várias mesas simultaneamente (multitables), nas quais os jogadores participam com uma quantidade de fichas de valor virtual que lhes permitem se manter no jogo: não se aposta dinheiro real.

A quantidade de fichas é valiosa em relação com a que possuem os demais jogadores, mas não se traduz quantitativamente no dinheiro que cada um ganhará. Os participantes são eliminados à medida que ficam sem fichas e triunfam os últimos sobreviventes.

Diferente do cash game, se ganha um prêmio já determinado, de acordo com a sua posição na classificação final, o que pode ou não depender da arrecadação total.

IV. Conceitos Básicos do Texas Hold'em

Se paga uma mesma taxa de entrada/inscrição (buy in), e todos recebem a mesma quantidade inicial de fichas.

Cada torneio tem vários níveis de igual duração, também previamente escolhidos. Em cada um desses níveis as apostas obrigatórias (blinds e *ante*) aumentam de valor, o que acelera o processo de eliminação dos jogadores.

Nos torneios de várias mesas, os sobreviventes vão se reacomodando para a formação de novas mesas, e assim sucessivamente, até chegar a mesa final.

Tipos de torneios

Existem muitas variantes (daremos uma explicação detalhada no capítulo correspondente)

As mais conhecidas são: Sit and Go, Multitable Freezeout, com rebuy (recompra) e com add-on (recompra adicional), Knock Out, Satélites, Steps, Shootout, Freerolls, Turbo ou Super Turbo, etc.[18]

---

18. Variantes de torneios

Sit & Go: São jogados em uma só mesa, podendo variar o número de jogadores. No poker online existem os Multitables SNG's, que são os Sit and Go's de mais de uma mesa. A característica dessa modalidade é ter o número de participantes já estipulado. A quantidade de premiados varia segundo o número de jogadores ou do seu tipo. Nessa categoria temos também os Sit and Go's Heads-Up (dois jogadores).

Freezout: São os mais habituais. O objetivo é eliminar jogadores, zerando-lhes as fichas. Ganha quem conseguir o total das fichas em jogo. Também estão previstos prêmios cujo valor é crescente para os últimos a serem eliminados. Normalmente são premiados de 10% a 15% dos participantes. Essa modalidade não permite a re-entrada de jogadores.

Com rebuy (recompra) e com add on (recompra adicional): Admitem que os jogadores eliminados ou que diminuíram o seu stack em uma cifra predeterminada ou até determinado o nível das primeiras etapas do torneio, se mantenham em jogo mediante a recompra de fichas. O rebuy pode ou não ter o mesmo valor do buy-in, e nos dá uma quantidade de fichas previamente estabelecida. O add-on é a última recompra, fixada em um momento do torneio que, diferente do rebuy, pode ser aproveitado por todos os jogadores e não só aqueles que perderam o seu stack. Tanto rebuy como add-on, são opcionais.

Knock out: Podem ser de qualquer modalidade, mas oferecem recompensa adicional por cada jogador eliminado. Quem ganhar a mão da eliminação leva a recompensa.

Capital: Permitem ao jogador a abandonar o torneio em qualquer momento, e nesse caso, o jogador leva um valor em dinheiro correspondente ao total das fichas que possui, calculado sobre a quantidade de fichas totais.

Step: São torneios divididos em etapas sucessivas e cujo prêmio é o buy-in da etapa seguinte. Pode-se começar em qualquer uma delas. Os ganhadores de cada etapa decidem se continuam competindo na próxima ou se se retiram com o que já ganharam.

Satélites: São torneios de baixo custo, cujo prêmio é a entrada para outro torneio de maior valor e importância. Alguns contam com fases preliminares na modalidade Sit and Go.

Shootout: São semelhantes aos steps, exceto que, nestes, quem não se classificar a etapa seguinte não pode reingressar no torneio; se joga todo o tempo pela eliminação. Há estruturas diferentes de shootout. Em cada uma, se predetermina a quantidade de jogadores que vão passar a etapa seguinte.

Freeroll: São grátis e podem dar prêmios em dinheiro, brindes ou entradas para outros torneios.

"Turbo" ou "Súper Turbo": Podem adotar qualquer uma das modalidades anteriores. O que varia é a velocidade do aumento dos blinds. São mais rápidos e arriscados, e a sorte pode ter um papel mais importante.

O poker online

O poker online está funcionando como porta de entrada para os principiantes no esporte.

Tratam-se de salas virtuais, que são acessadas pela internet, e nas quais se oferece a maior diversidade de tipos de jogo, quantidade de jogadores, modalidades e velocidade.

Oferece mesas grátis ou com limites inferiores aos da maioria dos jogos ao vivo (microlimites). O jogo é mais veloz e se joga com "nicknames" (pseudônimos).

V. Conselhos básicos para principiantes

*Qualquer idiota pode dar um conselho,
poucos podem colocá-lo em prática.*

A. O objetivo

Definido o objetivo, as ações se encaminharão adequadamente, estaremos incluídos em uma tarefa muito divertida, e nos prepararemos para realizá-la com muito êxito ou para enfrentarmos possíveis frustrações sem maiores traumas.

As motivações podem ser variadas, e todas são genuínas, mas os requisitos são diferentes. Poderia ser, por exemplo, por diversão ou como nova atividade social[19], um meio para ganhar dinheiro ou o início de uma carreira como jogador.

Se a nossa finalidade for recreativa, ou para fazermos novas amizades, que se possa estudar e conhecer o necessário deste jogo para dominar as regras e os conceitos fundamentais para jogar razoavelmente bem e não deixar de se divertir.

O poker é um jogo social.

Platão, na Grécia Antiga, nos ensinou que "se pode descobrir mais de uma pessoa em uma hora de jogo do que em um ano de conversa".

Além disso podemos conhecer gente bonita, e de repente encontrar uma garota "interessante", como aconteceu conosco enquanto jogávamos no Caribe.

Se o que pretendemos é incrementar nosso patrimônio ou dedicação total, as imposições são maiores: conhecimentos, prática intensiva e atualização permanente.

Se não compreendemos isso, não concordamos ou não o fizermos, não deveríamos desperdiçar o tempo.

Finalmente, "se o poker interferir no nosso trabalho, não resta a menor dúvida, deixemos de trabalhar". Não podemos nos esquecer que, como ensinou Oscar Wilde: "o trabalho é o refúgio dos que não tem nada o que fazer".

---

19. O poker é um bom meio para se conhecer gente, mas não é o único. Quem se interessar mais pelo tema, recomendamos a obra de Fito Paez: "Como ganhar um milhão de amigos em um só dia" – NT: E eu recomendo a canção do nosso rei Roberto Carlos: "Um milhão de amigos"

Em todos os esportes, se ganha ou se perde, mas, diferente das modalidades estritamente amadoras, além da honra, nesse jogo, sempre jogamos a dinheiro. E como disse Paul Newman: "um dólar ganho no jogo é duas vezes mais doce que aquele que você ganhou com o seu salário" (no filme "A Cor do Dinheiro").

Tornarmos bons jogadores impõe passar por um processo metódico no qual a dedicação e a habilidade forjarão a diferença no dia a dia.

"Ninguém é um ganhador em todo momento, e qualquer um que o diga, é um mentiroso ou não joga poker" (Amarillo Slim)[20].

B. Conselhos fundamentais

A seguir, em uma síntese mínima, quase 10 Mandamentos, de alguns dos conselhos fundamentais que devem incorporar-se como requisito prévio.

É o elementar; aquilo que não se deve esquecer, o que necessitamos levar em conta, seja qual for a nossa finalidade no jogo. Em cada capítulo, cada tema será desenvolvido com maior intensidade.

Por agora, o básico e uma pequena explicação, para "entrar no tema".

Jogar concentrado

Nesse esporte, jogamos por várias horas, tanto nos cash games como nos torneios.

O mais comum é que joguemos de quatro a oito horas seguidas, e é raro que alguém o faça por menos tempo, e normal que muitos estendam esse período.

Temos que ser prudentes com o tempo, para não afetar as capacidades, outras obrigações, como, por exemplo, as familiares.

Cada um determina as suas expectativas e o tempo que dedicará ao jogo. Medirá as suas possibilidades, aprenderá a usar as suas vantagens e verá como conseguir o maior benefício possível.

Há muitos exemplos de gente afetada por essa falta de planejamento, e outros que são modelos de responsabilidade e adequação.

---

20. Thomas Austin Preston, mais conhecido como Amarillo Slim foi um jogador profissional, famoso por seu método de apostas denominado "proposition bets". Ganhou a WSOP em 1972, além de obter três braceletes dourados em edições posteriores (1974,85 e 90). Publicou dois livros: "Play Poker to Win" (1973 junto a Bill G. Cox) e *Amarillo Slim in a World Full of Fat People* (uma autobiografia, em 2003). No ano de 2006, foi rodado um filme sobre a sua vida, dirigido por Milos Forman e protagonizado por Nicholas Cage.

V. Conselhos Básicos para Principiantes

Devemos confessar que nos comovemos quando escutamos: "Bom, são três da manhã. Melhor ir para casa e passar um bom tempo com meus filhos" (Homero).

Esta particularidade exige um elevado poder de concentração. Adotá-la evita erros e, como em quase todos os esporte, ganha no poker quem menos erra.

Um fator que ajuda a estar concentrado é pensar a longo prazo, para que não nos alteremos com uma mão, sessão ou torneio perdido.

Muitos jogadores "avistam a árvore, mas não o bosque" e notam somente o pote que estão jogando. Caem na armadilha de pensar que o dinheiro se ganha facilmente, e pensam nas fichas ao invés de pensar na tática.

O tipo de oponentes que enfrentamos também pode ser perturbador.

Desde os que falam muito, criticam, explicam as suas jogadas ou mostram uma rivalidade desmedida, até os muito passivos e distantes.

Em um torneio importante, vivemos tudo isso, e a experiência vale a pena ser comentada por que ela ensina. Muito.

Claro que, para isso, contribuíram duas razões muito evidentes: estávamos esgotados e vínhamos de duas bad beats horríveis.

Algumas jogadas incompreensíveis que vemos normalmente, são produzidas por falta de concentração.

Aqui vão alguns conselhos para evitar a famigerada falta de concentração.

Olhar bem as cartas antes de apostar ou pagar

Devemos observar atentamente as cartas indiviudais quando as recebemos, antes de pensar as jogadas, e novamente antes de pagar ou aumentar alguma aposta. É imprescindível certificar-se de que não há equívoco.

Muitas vezes, vemos mal as cartas, nos confundimos ou jogamos convencidos de ter outra mão.

Algumas vezes, mantemos na memória as cartas de outras mãos ou não chegamos a perceber todas as combinações possíveis com as cartas comunitárias. E isso acontece também com os experientes. Por isso, temos que assegurar que estamos apostando e tomando decisões com o nosso verdadeiro jogo.

Vale a pena contar um caso real, cuja particularidade reside que a situação aconteceu na primeira oportunidade que estes autores tiveram o prazer de se enfrentar em um torneio importante.

José, com um stack um pouco menor que a média, e estando na 5ª posição da mesa, recebeu cartas interessantes, A♥J♥, e subiu 2,5 vezes o valor do blind. Ernesto, na 7ª posição, deu um raise com A♦A♣, dobrando a aposta anterior; todos os jogadores restantes desistiram e José pagou.

O flop mostrou:

K♠ Q♦ 10♣

José, fazendo um pouco de cena, simulou que pensava e repensava e deu all-in, movendo todas as suas fichas para o centro da mesa e Ernesto, após pensar, pagou e mostrou A♦A♣.

José com uma sequência no flop e com a tranquilidade de quem se sente vencedor, e além do respeito de um jogador experiente mostrou o seu jogo: A♥Q♥.

Sim querido leitor, não há um erro de impressão. Houve um HORROR sentido por José, quando se deu conta que as suas cartas não eram as que ele julgava ser, e que não teve o cuidado de confirmar. Ele as tinha recebido na mão anterior. Nem o turn, nem o river modificaram a situação.

Ernesto, muito contente, levou as fichas, e José, como se diz na gíria, se QUEIMOU. Por sorte, na sala havia uma garota com o extintor de incêndio que soube cuidar bem dele.

Este erro, muito habitual no xadrez, se denomina "lance impossível" e tal como o sofremos, se vê muitas vezes no poker.

Não se adiante

Devemos ter cuidado de não pagarmos apostas antes da nossa vez. Isso prova diferentes punições, previstas nas regras locais.

Há que se ter paciência e esperar a a sua vez.

A falta de concentração no jogo estimula essa pressa, inclusive em jogadores experimentados.

V. Conselhos Básicos para Principiantes

Até poderíamos dizer que é mais habitual observar o fato nos mais experientes, uma vez que os principiantes, por insegurança, estão mais atentos. Os jogadores regulares, por outro lado, se levantam, falam, comentam jogadas, opinam e se desconcentram.

Enquanto aguardamos nossa vez, é bom aproveitar para estudar a dinâmica da mesa e conseguir toda a informação possível a respeito dos oponentes, tratemos de ler as suas mãos e planejemos as estratégias apropriadas.

Também não é aconselhável, estando no big blind, pagar aposta sem ver as cartas (pagar no escuro). Isto que parece óbvio, se observa reiteradamente em jogadores mais experientes, que tem muita confiança em se ou que gostam de riscos.

"O poker não é roleta, é estratégia"

Mostrar as cartas no showdown

Ainda que acreditemos que tenhamos perdido, devemos mostrar as cartas no showdown. Devemos nos acostumar a jogá-las expostas sobre a mesa.

No poker, "as cartas falam"; ganha quem realmente tiver o melhor jogo, e não quem anunciar o seu suposto maior jogo. Às vezes pode acontecer de o jogador não se dar conta.

Salvo estarmos absolutamente seguros, é conveniente jogar as cartas abertas. O dealer ou outro participante poderão advertir se tivermos um jogo maior que os expostos, e ganharemos a mão.

Assim mesmo, em geral, pode ser conveniente não mostrar as cartas para dificultar a leitura do nosso estilo de jogo, mas nesse começo, o mais importante é não desperdiçar uma mão que ganhamos.

Não participar de muitos tipos de jogos diferentes

Não convém jogar, simultaneamente, modalidades ou tipos de jogos diferentes.

Passar do Texas hold'em com limite para o no-limit, ou de Omaha para outro; jogar desde mesas de cash games a torneios ou com 9 jogadores ou 6, desconcentra. Tudo é poker, tudo é parecido, mas existem diferenças que influenciam na tomada de decisão.

Testar distintos jogos ou tamanhos de mesas é uma boa prática para comprovar em qual deles você se adapta melhor, mas as variações permanentes geram confusões e perdemos atenção. Aqui também "quem muito abarca, pouco aperta".

Mais do que o tamanho das mesas, no tocante ao número de jogadores, é nocivo mudar o tipo de jogo, porque as estatísticas e a leitura de mãos variam substancialmente.

Não jogar em muitas mesas simultaneamente

Esse é um fenômeno que se experimenta online.

O software das salas nos oferece a possibilidade de jogar simultaneamente, na quantidade de mesas desejada, e esse número é inversamente proporcional à atenção que poderemos direcionar para cada mesa.

Recomendação: ter muito claro o número de mesas que nos fará perder a concentração e o domínio da situação.

Não jogar muitos torneios multitable

Cada vez é mais frequente a organização de torneios "multimesas", da mesma forma que cresce a quantidade de jogadores presentes.

Em conjunto com isso, temos as longas jornadas de jogo de um ou vários dias, e não sabemos qual é a mão que pode definir as nossas possibilidades (sempre há uma ou mais de uma). A atenção necessária é enorme, e nem sempre a usamos suficientemente.

Além disso, nesses torneios, só são premiados de 10% a 15% dos concorrentes. A maioria das vezes perderemos, e isso gera frustração ao jogador mais desavisado.

Conselho: combinar torneios e mesas "cash", da mesma modalidade de jogo e igual quantidade de jogadores por mesa.

Enfrentar as bad beats

As bad beats tem um efeito devastador na concentração da maioria dos jogadores.

O surpreendente golpe e a consequente frustração nos tiram do sério, e daí surge o descontrole.

O ideal, é aceitar com a maior paciência possível, e não desanimar e saber que esse lado triste faz parte dos riscos de se jogar o Texas hold'em.

A vulnerabilidade emocional provocada por uma bad beat tem consequências inexoráveis.

V. Conselhos Básicos para Principiantes

Parar nas fases ruins

As fases ruins são como as bruxas, ninguém as vê, mas que existem, existem.

Quando acontecem conosco, ocasionam efeitos piores que os causados pelas bad beats. A reação comum é a de pretender recuperar rapidamente o que foi perdido, e a ansiedade e o descontrole são as piores condições para jogar.

Conselho: tomar consciência e deixar de jogar por algum tempo. Nem que seja um momento, mas pode-se parar por dias ou até meses. O necessário para estar bem de ânimo.

E, o mais importante: "nunca passar para mesas de maior nível de apostas".

Jogar com bom espírito

Este conselho pode parecer trivial, mas não é. A nossa experiência pessoal, e o que vemos nas mesas, se confirmam.

A concentração tem muita relação com o ânimo, com o espírito com o qual jogamos. Se soubermos levar as pequenas ou grandes frustrações com uma dose de bom humor, nos divertiremos e jogaremos melhor.

No poker não deixamos a vida, no máximo um pouco de dinheiro ou alguma ferida no nosso ego.

Mas, como em todos os esportes, temos que virar a página e pensar no próximo desafio. Ninguém ganha sempre, e ninguém é perfeito.

É comum ver jogadores que reagem mal diante de situações desfavoráveis. O fazem com outro participante, com terceiros ou, o que é mais destrutivo, consigo mesmo.

Reprovam os seus próprios erros, mas continuam jogando, e naturalmente perdendo.

Em nenhuma disciplina há ganhadores sem espírito e sem autocrítica.

Um ex-jogador dizia: "admitiria os meus erros, se tivesse algum" (essa virtude o levou a ser ministro do Gabinete Nacional).

E devemos aprender com os erros alheios, porque se nos concentramos apenas nos nossos erros, o custo será muito alto. Todo aprendizado leva tempo e custos.

Não imitar o que vemos pela TV

A cobertura de partidas ou de torneios pela televisão é cada vez mais ampla, e a quantidade de espectadores cresce exponencialmente.

Para aprender, é útil assistir e analisar como jogam os profissionais, mas não é bom imitá-los.

Eles tem recursos e conhecimentos que lhes permitem fazer jogadas que um amador não saberia efetivar.

Como acontece no xadrez, os bons jogadores enxergam várias jogadas à frente.

Além disso, as imagens que se mostram são enganosas, não por culpa delas ou das Tvs, e sim por que não oferecem conclusões com a devida precaução.

Uma transmissão reproduz as jogadas mais atrativas, seja pelo volume de fichas apostadas, ou pelos arriscados blefes, ou as terríveis bad beats.

Claro, essas situações não são as mais frequentes. A maioria das mãos, as que não vemos, não são tão espetaculares.

Por fim, é errôneo supor que o jogo consiste de grandes blefes, apostas formidáveis ou desenvolver uma agressividade descomunal. Tudo isso é exceção à regra.

Não esperar os grandes potes

Por ambição, ansiedade desmedida ou por inexperiência, é frequente que os novatos busquem, desesperadamente, ganhar um pote grande.

E isso, em princípio, parece lógico. Quem não gostaria de ganhar muito dinheiro ou limpar um jogador?

Levar até o centro da mesa a sua pilha de fichas que se desmoronam, e sentir que fizemos uma boa jogada, recebendo os elogios da mesa, gera uma sensação estimulante.

Entretanto, assim como acontece na vida "o melhor é inimigo do bom".

Na busca do grande pote, perderemos muitíssimas apostas pequenas, por que estas situações espetaculares são mais incomuns do que pensamos.

No poker, o "royal flush não se procura, se encontra".

Essa máxima, a que, em geral, não se conhece a sua profundidade filosófica, é a adaptação lúdica das reflexões de Nietzsche, o máximo expoente do "existencialismo" moderno, que uma vez disse: "desde que me cansei de procurar, aprendi a achar".[21]

---

21. Friedrich Wilhelm Nietzsche (1844 – 1900) é considerado um dos pensadores modernos mais influentes do século XIX. Introduziu, como nenhum outro, uma cosmovisão que reorganizou o pensamento futuro. A sua influência foi particularmente notória nos filósofos existencialistas, críticos, fenomenológicos, pós-estruturalistas e pós-modernos e na sociologia de Max Weber. É considerado um dos três "Mestres da Suspeita", junto a Karl Marx e Sigmund Freud. Ele reconheceu que sempre "suspeitava" que lhe estavam blefando, pagava e perdia. Daí sua ruptura com a "busca" e a sua adoção da "descoberta" como sistema estratégico. A sua frase mais célebre foi "me cansei de pagar" (fonte Wikipedia e investigações próprias).

Para ganhar, temos que fazer o contrário: ganhar muitos potes pequenos. Os grandes virão sozinhos.

Devemos identificar as mãos não disputadas. Aquelas em que não se constata muito jogo, e fazer valer nossa capacidade ou então, tratar de roubar, blefar.

Sair se estiver ganhando

Se nos retiramos de uma mesa quando estivermos ganhando, podemos guardar o dinheiro no cofre e não tirá-lo mais, tendo, assim um benefício. Claro que isso nunca é simples.

Se jogamos ocasionalmente, a tática acima, dá resultado. Se formos jogadores regulares, o que ganhamos hoje poderemos perder amanhã, mas se ganhamos menos dinheiro, poderá faltar algo.

Isso não exclui a possibilidade que, depois de amanhã, continuemos perdendo. Não obstante, como norma geral, retirar-se ganhando e diminuir as fichas ao voltar a se sentar para jogar, nos favorece.

Nos jogos presenciais há um obstáculo praticamente invisível: levantar-se de uma mesa e não dar chance de recuperação aos outros não é uma conduta boa para um bom jogador. Não é bem vista.

Todavia, quando o fazemos online, ninguém nos vem ou conhece, jogamos com nicknames (apelidos), podemos mudar de mesa com facilidade, e entrar em outra automaticamente. De fato, a mobilidade é uma característica típica da internet.

Escolha de mãos e posição à mesa

Escolher as mãos com as quais jogar e quando dar fold é chave.

A avaliação adequada das cartas individuais determinará se entramos ou não em cada rodada. Se o fizermos com cartas medíocres ou em posições ruins, nos condenamos.

Essa habilidade se vincula com o conhecimento do valor das cartas iniciais – dado estatístico que mostra a maior ou menor probabilidade que tem de ganhar - e a da importância da posição na que estamos localizados na mão.

Ambos são temas complexos, mas primordiais do ponto de vista estratégico.

Todos os profissionais destacam as vantagens ou prejuízos que a posição impõe, e a maioria a considera a mais relevante ferramenta estratégica.

Jogar poucas mãos

A partir de uma ótica matemática simples, as probabilidades quantitativas de perder mãos são maiores que as de ganhar. E isso é fácil de compreender.

Se na mesa houver dez jogadores e se todos entraram no jogo, teríamos uma possibilidade em dez de ganhar (1/10). Um ganha e nove perdem. Se forem menos, também teremos mais perdedores do que vencedores.

Para quebrar essa previsão, devemos jogar mãos com as quais temos melhores chances, e que nos permitam diminuir o número de oponentes e aumentar o pote.

Aos principiantes, é aconselhada uma atitude conservadora, em função de ter que continuar jogando as etapas seguintes da mão, e é necessária experiência para enfrentá-las com êxito.

Os livros dizem que, nas mesas completas, é recomendável jogar não mais do que 20% das mãos, e um jogador tight não passará de 10%. Quanto menos jogadores na mesa, maior o número de mãos que deve ser jogado.

Nos torneios, as proporções variam segundo o seu desenrolar, e de acordo com outras circunstâncias, e é mais difícil sintetizá-lo, e já veremos o assunto em detalhe.

Pensar no que os demais jogadores têm

Assim como ressaltamos a importância de analisar com que tipos de cartas entramos no jogo, também é relevante ler os nossos rivais têm.

De que vale ter K♦K♣ se nos damos conta que o adversário tem A♥A♣?

Tão ou mais valioso que conhecer a força das próprias cartas, é poder determinar as que os outros têm.

Um erro bastante comum é o de decidir unicamente em função da nossa mão. Temos que atuar ao contrário e, para consegui-lo, há técnicas e dicas que nos ajudam, e que já veremos com mais detalhes.

Se por um lado é impossível decifrar a mão do adversário com exatidão, existem métodos de classificação de mãos que servem para filtrar as possibilidades ou como se diz na gíria: para colocar o rival em um "range" (uma gama) de mãos.

Se trata de temos alguma ideia de com o que o adversário está jogando: se recebeu uma mão boa, se está com um draw ou se está blefando.

V. Conselhos Básicos para Principiantes

Adaptação à qualidade e quantidade de jogadores

A quantidade, nível e estilo dos oponentes também é variável. Como não são todos iguais, variaremos a estratégia.

Os parâmetros de jogo mudam de acordo com o número de oponentes. São diferentes em uma mesa com dez e uma outra com seis, pois, entre outras coisas, o risco e o valor relativo das cartas se modificam.

Também influi a diversidade de oponentes. Não se joga da mesma forma contra um agressivo do que contra um passivo, nem contra um experiente frente a um fish (mal jogador).

Uma habilidade valiosa é a de reconhecer os jogadores fracos para tirar vantagem.

Mas, é importante saber, se diz habitualmente que, se não identificamos o fish da mesa em meia hora, é por que nós é que somos o fish. (frase adaptada a original do filme Rounders).

Dan Harrington[22] assergura que "se em uma mesa completa, ao menos três rivais entrarem nessa categoria, essa é uma mesa fraca", e aconselha, obviamente, a aproveitá-la.

A chave está em ter a perspicácia para descobrí-la.

Mas, se encontramos muitos fishes, não nos "empanturraremos".

C. O poker online

O jogo e as suas variantes são iguais aos presenciais, porém há diferenças que o tornam particular.

Tanto é assim, que destinaremos um capítulo importante para analisá-las a exaustão.

Tem a favor a comodidade, uma oferta imensamente maior de formas, tipos e modalidades do jogo, a possibilidade de jogar grátis ou em limites muito mais baixos do que nas salas ao vivo, mas há certos condicionamentos, limitações e riscos que são peculiares a esta forma de poker. Especialmente, a velocidade e a facilidade de entrar em mesas e torneios (é praticamente instantânea), com a qual se joga.

---

22. É um reconhecido jogador profissional. Harrington escolheu o seu próprio apelido "Action Dan" ainda que se caracterize por um estilo conservador. Além de ser ex-campeão de gamão, também é mestre de xadrez, tendo ganhado o campeonato estadual de Massachusetts. Também jogou poker contra Bill Gates, quando este estava em Harvard. Escreveu cinco obras sobre poker que são obrigatórias para todos os estudiosos.

Como os contrastes são variados, a nossa sugestão é conhecê-los detalhadamente e ser prudente ao escolher as salas, o tipo de jogo e principalmente o nível de apostas.

Confortavelmente sentados na nossa casa, sem mais limites do que o nosso cartão de crédito, e com o simples arbítrio de um click no mouse, podemos exagerar inadvertidamente.

Os torneios multitables com inscrições baixas ou grátis (freeroll) oferecem uma excelente oportunidade para experimentar, sem arriscar demais.

As grandes salas organizam torneios nos quais se inscrevem enormes quantidades de jogadores, e por isso, apesar do baixo custo, o prêmio pode ser valioso.

Se jogamos bem, por pouco dinheiro, podemos competir muitas horas e, ainda que não sejamos vencedores, será uma prática proveitosa, divertida e barata.

Até conhecer bem o jogo e nos familiarizarmos com os programas, convém testar as diferentes modalidades, e jogar em níveis muito baixos de apostas.

Vamos aproveitar as vantagens e proteger-nos dos riscos.

VI. As normas de conduta, Etiqueta e decoro no Poker

*Desculpem-me por ser tão educado,
é que ainda não os conheço.*
Groucho Marx[23]

A. Considerações gerais

Como toda atividade social, o poker exige a autoimposição de normas de conduta, de etiqueta e de decoro.

Essas normas são inerentes a qualquer disciplina, e não podem ser descartadas em nenhuma delas.

No golfe, por exemplo, além de regras estritas de vestimenta, os jogadores devem informar as suas próprias faltas ou punições. Até os esportes "rudes" como o rugby ou o judô, cultivam e fomentam essa qualidade.

Isso não impede que se registrem atitudes reprováveis, como o jogo brusco ou mal-intencionado, a simulação de faltas ou a aceitação de irregularidades quando estas nos benefciam. Alguns desses comportamentos são penalizados, mas não são raros.

Não há competição que escape à aplicação das regras. O poker não é exceção.

Por suas origens "mundanas", ou por sua proximidade aos jogos de azar, alguém poderia imaginar que tudo isso não é necessário. Porém, talvez pela influência britânica quem o pratica a sério sabe e sente, que este é um jogo de cavalheiros.

Como sempre há dinheiro em jogo, a motivação de "tomar" as cédulas do outro, as vezes pode ser compulsiva.

Oscar Wilde disse que "o dinheiro não faz a felicidade, mas gera uma sensação tão parecida que é preciso um especialista para diferenciá-la". Se não acreditamos, então podemos devolver o dinheiro.

---

23. Célebre ator, comediante e humorista norte-americano.

A realidade mostra que este ingrediente pode motivar certas condutas ou ações não condizentes com os bons costumes e, por isso, existe a necessidade de mostrá-las.

É certo também, que o ambiente e as imagens difundidas de alguns jogadores podem provocar um esquecimento das regras de etiqueta que caracterizam os esportes sérios. Isso é um prejuízo.

Na mesma mesa, encontramos gente bem vestida e gente mais despojada. O mesmo pode acontecer com algumas condutas.

Diferente de outros esportes, o poker não tem normas rigorosas e sim a sua própria moda, o seu folclore e merchandising, que proporcionam uma personalidade particular, que não deixa de ser pitoresca.

E, principalmente, a sua imagem ou a força que o poker representa para os que o olham de fora, são baseadas nas normas da boa convivência social. Que é o que mais importa.

Se alguns não conhecem essa parte, ou se esqueceram, é fácil e inteligente conhecer e transitar pelo bom caminho.

Há uma enorme quantidade de normas de urbanidade e de distinção, e é impossível conhecer todas ou sintetizá-als, mas vamos nos concentrar em lembrar as principais, e que estão vinculadas ao jogo.

Também há regras obrigatórias, estipuladas pelas salas organizadoras e práticas maliciosas condenáveis e penalizadas.

Vejamos mais.

B. As normas de conduta

A seguir, repassaremos as condutas elementares, com fins didáticos e para lembá-las:

O respeito

Nem caberia explicação. Todos querem ser respeitados e devemos respeitar o próximo, sem olhar para raça, credos, defeitos, tendências, preferências ou condição social. Respeitar é, também, não discriminar.

Do mesmo modo merecem essa tolerância o caráter, o amor próprio, as opiniões e os usos e costumes de cada um. Todos merecemos.

VI. Normas de Conduta, Etiqueta e Postura no Poker

Como "o direito de cada um termina onde começa o dos demais", evitemos as atitudes irritantes, indecorosas ou inconvenientes.

Vamos esquecer as palavras rudes, observações inadequadas e a falta de delicadeza ou cortesia. Não podemos ficar com pena do perdedor e nem depreciemos outro, em nenhuma circunstância.

Uma situação que se constata às vezes, é quando mostramos as cartas depois de um lindo blefe.

Isso pode ser benéfico para dar a imagem de audacioso ou de mentiroso, ou para alimentar o ego, mas não é uma conduta bem vista.

Saudações

Mesmo tendo chegado ao topo na nossa carreira ou o quão bom jogador entendemos que somos, não se deve perder a educação nem a cordialidade.[24]

Cumprimentar quando chegar a mesa e ao sair dela, ainda que tenhamos perdido, e mais ainda, felicitar quem ganhou, se somos derrotados, são gestos apreciados.

Isso faz um cavalheiro ou uma dama do esporte.

Não fumar nem abusar do alcool

A proibição de fumar nos ambientes fechados está praticamente em vigor no mundo todo. Se em algum lugar não for proibido, é de boa conviniência evitar.

Nesse aspecto, não obstante, é justo reconhecer a maior tolerância que mostram habitualmente os fumantes, que nunca se queixam dos não fumantes.

Também é aconselhável ter prudência com o consumo de bebidas alcólicas, tanto para não afetar a capacidade do jogo, como para evitar situações embaraçosas que podem provocar excessos.

Contudo, alguém muito inteligente disse que "O álcool é ruim, mas a água é ainda pior: se você não a beber, te mata!" Por isso, ser abstêmio é bom, mas com moderação (Mark Twain).

---

24. Quem quiser saber mais a respeito, sugerimos a obra do Dr. Anibal H. Fernandez "Manual de las buenas costumbres, amabilidade, urbanidad, finura y cordialidad" (Editorial "Sensaciones", Buenos Aires, 2010).

O silêncio é saudável

Falar permanentemente na mesa, inclusive com gestos expansivos, molesta a maioria das pessoas. Provoca irritação e constrangimento, e afeta a capacidade de jogar. Além de pouco educado, se converte em uma prática desleal.

Piores ainda são os comentários ou gestos que indicam a nossa mão ou com as quais darmos fold. Alguns jogadores que já abandonaram as suas cartas se lamentam ao observar as cartas comunitárias, e se manifestam gesticulando. Com isso, dão informação a quem se mantém no jogo e o descaracterizam.

Não se deve discutir ou comentar uma jogada durante o transcurso de uma mão. Nem com outros jogadores, nem com terceiros, alheios ao jogo. Também incomodam os insultos e o linguajar vulgar.

O poker é um esporte da mente (não DEMENTE) que exige concentração. Quanto menos se falar, mais saudável será a sessão para todos.

Não ser professor

Outros se animam comentando as jogadas, ou dão aula dos seus conhecimentos. Se ninguém perguntar, seguramente não interessará a ninguém a nossa "lição".

Já faz algum tempo (sim, mais de 2500 anos), que alguém disse: "não há nada tão comum no mundo como a ignorância e os charlatões".[25]

Pior ainda é dar aula a quem perdeu. Explicar-lhe ou ensinar-lhe por que ele foi vencido é, francamente, irritante. Tratemos de ser discretos.

Se não o fazemos nós os autores, "que desse negócio sabemos, e muito", o que sobraria aos "desavisados".

Ah, não devemos ser petulantes.

Fazer as jogadas ou apostas claramente

As ações anunciadas, gestual ou verbalmente, devem ser claras e compreensíveis.

Muitas vezes, o que foi expressado por um jogador é ininteligível ou os seus sinais são imprecisos e provocam dúvidas ou má interpretação. Outras vezes, colocam as fichas desordenada ou displicentemente na mesa, dando lugar a demora ou a discursões.

---

25. Cleóbulo de Lindos (s.VI a.C.) Filósofo grego, considerado um dos "sete sábios" da antiguidade (citação verdadeira).

Uma jogada anunciada é definitiva. Não podemos nos retratar, devemos cumpri-la e colocar a quantidade de fichas correspondentes. Predomina a expressão verbal sobre a gestual.

Uma aposta deve ser feita colocando-se todas as fichas juntas em um só movimento. Do contrário, só se consideram jogadas as primeiras fichas apoiadas na mesa, ou ainda o que, mantido na mão, ultrapassou a área individual do jogador (segundo as disposições locais).

Mostrar ou não as cartas

Salvo as normas do lugar exigirem mostrar determinadas mãos, a vontade de fazê-lo ou não, é de cada jogador. Em algumas regras locais quem pagou (call) tem direito a ver as cartas do rival, mesmo este já tendo se considerado perdedor na mão.

O slowroll

O slowrolling, ou slowroll, é uma conduta irritante. Acontece no showdown, quando, quem está seguro de ter o melhor jogo, demora em exibi-lo e espera que os outros o façam.

Também é caracterizado quando alguém aposta todas as suas fichas e o oponente tem uma mão como A-A e fica pensando como se estivesse em uma decisão difícil.

Essa atitude gera falsas expectativas de êxito aos outros, que se frustram ao comprovar tardiamente o contrário. É de bom gosto evitar esse tipo de ação.

Phil Hellmuth explica "quando um jogador percebe que ganhou o pote por que você duvidou, e então isso não acontece, você leva as fichas, mas fere os sentimentos do oponente, não faz amizades, ao contrário, deve ter feito um inimigo que com memória de elefante, buscará a vingança" *(Play Like The Pros)*.

Mostrar as cartas no showdown

As vezes, os jogadores esperam para mostrar as suas cartas no showdown. Querem, primeiro, ver a dos outros.

Se não existirem normas claras sobre o assunto, o último a apostar ou a dar raise é o primeiro a mostrá-las, e o restante o faz pela vez.

Se não tivemos ação no river, se fará por vez, começando por quem está mais perto do button (botão), à sua esquerda, e no sentido horário.

Jogar rápido

Cada participante tem um tempo estipulado para decidir e anunciar a sua jogada. Não obstante, demorar o jogo o torna tedioso, especialmente quando a ação a realizar for evidente.

Também atrasa o jogo colocar desordenadamente as fichas apostadas, e obrigar o crupiê a juntá-las e contá-las.

A atitude diante das vitórias e derrotas

É natural que estejamos contentes quando triunfamos e triste quando perdemos. A questão é: como isso se manifesta?

Ao triunfar, corresponde agir como um verdadeiro ganhador. Não se deve festejar de maneira que possa incomodar o restante dos jogadores, especialmente o nosso oponente.

Não é interessante que alguém se vanglorie com a sua vitória ou ria das jogadas ou do azar do outro, assim como qualquer outro comportamento que incomode os demais.

Devemos agir com galhardia e ser cautelosos.

E, se perdemos, devemos aceitar a derrota dignamente. Não vamos chorar além da conta, nem se vitimizar por nossa má sorte. Nem mesmo culparemos os outros.

Perder a compostura, atirar as cartas ou qualquer outro objeto desaforadamente, bater na mesa ou outras atitudes tão condenáveis, são típicas de um mal perdedor.

Não trapacear

O poker impõe lealdade e boa fé.

Fazer sinais, induzir o adversário ao erro, jogar em conluio ou "em equipe", passar fichas, diminuir o stack, não respeitar a ação, tentar ver as cartas dos outros jogadores ou mostrá-las intencionalmente, são práticas maliciosas e são penalizadas, mas, antes de tudo, não são éticas.

O softplay

É uma conduta reprovável que muitos praticam acreditando que seja correta, ou ainda pior, que é ética ou é de "cavalheiros".

VI. Normas de Conduta, Etiqueta e Postura no Poker

O que diríamos se no futebol alguém batesse um pênalti para fora, deliberadamente, porque tem simpatia pela equipe adversária? Ou dois boxeadores que não se "pegam" porque se apreciam?

Em algumas atividades, se aceitam técnicas de equipe, como no automobilismo, no qual um dos membros pode facilitar a vitória a outro. Apesar da opinião pública condenar, se trata de membros de uma mesma equipe, e não é proibido.

No poker não jogamos em grupo e, diferente de outros esportes, todos jogam contra todos (lamentavelmente, não podemos transferir aos outros os nossos infortúnios)

Não "tirar o dinheiro" de um amigo ou parente é condenável porque prejudica o restante. Isso se constata nos torneios, quando se prolonga a "vida" de alguém que deveria já ter sido eliminado, e nos cash games, por sua vez, o tamanho dos stacks tem influência no jogo[26].

Negreanu é um dos jogadores mais reconhecidos da atualidade. Ganhou 4 braceletes da WSOP e dos World Poker Tour. O valor total da sua premiação supera os US$10 milhões. Ganhou em 1997 dois eventos do World Poker Finals, que além de um prêmio em dinheiro, o levou a ser indicado como o melhor jogador de torneios do mundo. Em 1998, ganhou o evento US$2.000 Pot-limit Hold'em da WSOP, conseguindo assim o sonho de ganhar o seu primeiro título na competição se tornando, ao mesmo tempo, o jogador mais jovem a ganhar um bracelete.

Condutas permitidas

Diferente de outros esportes, existem convenções no poker que não são mal vistas.

Por exemplo, em contraste com o poker familiar ou tradicional, no Texas hold'em aceita-se a representação, o duelo verbal entros os oponentes, para tentar descobrir o valor do jogo que tem.

---

26. Daniel Negreanu nos explica o quão nocivo é esta prática, e a confusão que existe a seu respeito: "Jogar de maneira branca (softplay) é trapacear. Jogue forte ou não jogue. O que vou lhes contar pode surpreender. Talvez você seja um trapaceiro e não saiba. Se estiver jogando por dinheiro e não atacar um amigo, você está trapaceando a se mesmo, ao seu amigo e a todos os jogadores envolvidos na partida. Sei que essa é uma declaração dura, mas é a verdade. Isso não se chama "softplay"; Se dois amigos, duas pessoas casadas, parentes ou fraudadores não apostam entre eles, estão jogando "atacar." Frequentemente essa prática (não confundir com slowplay) se faz inocentemente, sem querer causar dano. Talvez um cavalheiro não queira tirar os dólares de uma dama. Ou um jogador não quer dar "raise" em um amigo, por que este vem perdendo. Bom, se você se preocupa com seu amigo, ou se quer ficar bem com a garota e não apostar contra ela, convide-os para jantar depois do jogo. A mesa de poker não é lugar para compaixão nem bondade. Estou sendo exagerado, mas você entende ao que me refiro. Jogar de forma branda com um amigo afeta o restante da mesa. Como crê que outros jogadores da mesa se sentirão se você poupar um amigo? Não jogando como se deve, está fazendo trapaça, aos outros. Talvez não tenha sido a sua intenção, mas não sabê-lo não te salvará se te pegarem. O softplay acontece por inocência na maioria das vezes. Mas você tem que saber quem o faz, antes que te afetem. (conf. "Holdem Wisdom for All Players").

Na maioria das salas, se permite comer ou beber enquanto se joga. Claro que a comida e a bebida devem estar fora da mesa e ser produtos adequados para não distorcer ou atrapalhar a prática.

O uso de MP3, reprodutores de música, é permitido, mas não o de telefones celulares.

Seguramente haverá mais condutas relevantes ou atitudes reprováveis, mas o primordial é fazer o necessário para se divertir, reconhecidamente, em um bom ambiente, fazer amigos (além de ganhar dinheiro), e contribuir para que a atividade seja cada vez melhor considerada

Em suma, como em todos os aspectos da vida, devemos tratar os demais como desejamos que tratem a nós.

VII. As condições racionais, intelectuais e físicas

*A inteligência consiste não só no conhcimento,
e sim na habilidade de aplicá-los na prática.*
Aristóteles

A. Introdução

Existem aspectos ligados ao plano emocional ou psicológico que é recomendável cultivar.

Dificilmente uma pessoa relapsa poderá se disciplinar para jogar. E também não serão pacientes quem for, por natureza, ansioso ou histérico.

As capacidades racionais ou intelectuais, por outro lado, se possuem "de fábrica" e se aperfeiçoam com o estudo e a prática.

Mas não requer um mínimo indispensável, "se não sabemos soletrar IBM, melhor que não nos dediquemos ao poker", porque, como disse Santiago Ramón y Cajal[27]: "O jogo cumpre alta missão moral, serve para arruinar os idiotas".

Ainda assim, mesmo que seja um esporte mental, temos alguns requisitos físicos imprescindíveis ou convenientes.

Ao analisar, uma a uma, as condições, compreenderemos como cultivá-las e que fatores ou rotinas as melhoram.

B. Estudo e formação constantes

Quanto demora para aprender a jogar poker, pai? Toda a sua vida, filho (David Spanier[28])

A tarefa de um bom jogador não começa nem termina na mesa de jogo. Para progredir é necessário estudar, ler e guiar-nos por conselhos dos especialists.

A formação teórica é tão valiosa como a prática, e é preciso incorporar ambas simultaneamente.

Um sábio disse: "aprender a jogar dois pares vale tanto como uma educação universitária, e custa quase o mesmo" (Mark Twain)

---

27. Foi um médico espanhol, especializado em histologia e anatomia patológica microscópica. Recebeu o prêmio Nobel de Medicina em 1906.
28. David Spanier, morreu de derrame cerebral aos 67 anos de idade, combinou uma distinta carreira como correspondente estrangeiro e diplomático com uma paixão pelo jogo em geral, e pelo poker em particular. Poucas coisas lhe deram mais prazer do que jogar e escrever a coluna sobre poker para o diário inglês The Independent.

Outro aconselhou aos seus filhos: "crianças, tentaram e fracassaram miseravelmente, a moral é...NUNCA SE ESFORCE! (Homer Simpson)."

Cada um saberá que conselho tomar.

C. Raciocínio analítico

É uma qualidade intelectual importante. O pensamento raciocínio e analítico é o aliado de um bom jogador: "não se ganha por azar, se triunfa pensando".

Devemos ter boa percepção, capazes de racionalizar cada jogada, suas causas e motivos e as consequências.

Para quem não tem esse espírito, e só se aproxima do jogo pensando no dinheiro, pode ser decepcionante. Para os que sentem e amam esse esporte, será uma boa notícia. Para quem "fez um teste de inteligência e deu negativo", será frustrante.

Seguramente, há sistemas, estratégias e conselhos genéricos, mas cada um encontrará o seu próprio caminho e estilo.

O pensamento lógico e dedutivo é a base intelectual desse jogo que, por sua racionalidade e habilidade requerida, pode se comprar com o xadrez.

Os níveis de raciocínio

Os níveis de raciocínio são os picos de pensamento lógico que podem se constatar em uma situação. São progressivos e uma qualidade essencial para conseguir resultados.

Alguém disse que, no poker, tratamos de determinar:

1. Quais acreditamos ser as cartas do nosso rival.
2. O que o rival acha das nossas cartas.
3. O que ele pensa que nós pensamos das suas cartas.
4. O que pensa que nós pensamos que ele pensa quais sejam as nossas cartas.

Os dois primeiros níveis são imprescindíveis. A maioria dos jogadores os usa (tem que usá-los). As vezes, muito de vez em quando, nos enfretaremos com algum fish (mal jogador) que decide só com base nas suas próprias cartas. Mas, em geral, os competidores especulam, pelo menos, o que nós temos na mão.

VII. As Condições Racionais, Intelectuais e Físicas

Em algumas modalidades, como são as que tem mesas com menos jogadores, o jogo é agressivo e com muitos blefes. Isso impõe chegar a níveis de análise mais completos.

Não é simples, mas é possível. Tudo serve para entrar na cabeça dos outros (e entender como eles estão tentando entrar na nossa).

Fazem falta experiência e concentração, e uma atitude permanente de questionamento

Se colocar no lugar do outro

Um erro muito comum, ao analisar as jogadas e decisões alheias, é avaliá-la unicamente sob a nossa lógica.

Não impera uma única forma de pensar e de reagir, nem há um só estilo de jogo, por isso, não é certo identificar situações sem sair da nossa ótica.

Alan Schoonmaker, doutor em psicologia industrial, jogador profissional e especialista na psicologia do poker, denomina a esta falha de "a falácia egoísta".

Nela caímos, precisamente, por estar isolados ou por termos a limitação de acreditar que todos pensam e reagem igual a nós.

Schoonmaker nos dá um exemplo para entender como esse processo se traduz no jogo: "quando você trata de ler a um jogador que deu um raise, pensará em que tipos de cartas VOCÊ precisaria para fazê-lo, e logo presume que ele pensa igual. Como você não o faria com determinadas mãos, por exemplo A♥6♠, chega a conclusão que é impossível que ele também o tenha feito".

Ao analisar cada jogada do rival, devemos enquadrá-la na forma dele de proceder e de entender o jogo. "Para ler o seu rival corretamente, deve-se entender os seus motivos e crenças".

D. Boa informação

Alguém que sabe muito disse: "O poker não consiste em ganhar dinheiro, e sim, de tomar boas decisões" (Annie Duke[29]).

Ter informação é uma das chaves e, seu gerenciamento, uma habilidade. Como extraí-la?

---

29. Destacada jogadora profissionak. Duke é seu sobrenome de casada. É psicóloga graduada na Universidade de Columbia. O seu irmão Howard Lederer, também é um profissional do poker bem-sucedido. Em 2008 bateu o recorde de mulher que mais dinheiro ganhou na WSOP. Em Setembro de 2004 ganhou US$2 Milhões no Torneio de Campeões da WSOP, um torneio para 10 jogadores convidados, e que o vencedor levava todo o prêmio. Nesse momento, este foi o maior valor conquistado por uma jogadora de poker. Em 2007, Anette Obrestad superou a marca vencendo o WSOP Europe 2007. Duke ganhou um bracelete do WSOP na modalidade Omaha Hi-lo, e mais três milhões de dólares em torneios.

Com a prática se aprende a ler o jogo dos oponentes e a interpretar o que se percebe. É necessário preparar um perfil de cada oponente desde o início da partida.

A missão é avaliar o nível, estilo, conhecimento e experiência. Cada uma das suas ações exterioriza referências relevantes.

Assim, a estratégia de jogo deve adaptar-se a quem tenhamos que enfrentar, mas, cuidado, com o tempo se criam as imagens dos jogadores, mas estas não são estáticas. Podem mudar de acordo com o andamento do jogo. Nada é imutável: os jogadores podem aprender ou trocar o seu estilo.

Os perfis que registramos são idéias que devem atualizar-se constantemente, mediante uma observação incansável e atenta à evolução de cada adversário.

"Vejo os seus olhos, suas mãos, vejo como se mexem seus dedos, seus gestos, vejo tudo isso, assim não preciso ver as suas cartas" (Anônimo[30]).

O se diz e o que não se diz

Assim como devemos decifrar os seus perfis, os oponentes farão o mesmo: tratando de aproveitar cada detalhe das nossas manifestações para utilizar a favor deles.

Por isso, quanto mais conversamos, mais possibilidades haverá de deixar escapar informação valiosa. Quem é mais do que aficionado, tentará fazer-nos falar para conseguir referências úteis (e perigosas para nós).

Como fazem? De muitas maneiras, desde as mais toscas até as mais sutis.

Por exemplo, perguntas ou afirmações como: O que você tem? Me mostra as cartas se der fold? Você está blefando! Sei que estou na frente!, etc.

Para quê? E por quê? Porque interessa o que dizemos e como lhes dizemos: as reações, os tons, para onde olhamos ao falar (ou calar), etc.

Tudo é informação e, em mãos de experientes, pode ajudar a retificar ou ratificar seu jogo.

Não há obrigação de responder. As consultas que não se além ao jogo podem ser respondidas de maneira cautelosa, não isenta de cortesia, e pode-se esquivar das perguntas maliciosas. Nesses casos, também "o silêncio é saudável".

---

30. Lamentavelmente não encontramos dados do Anônimo. O que sabemos é que ele deve ser muito inteligente porque escreve muito e sobre todos os temas.

VII. As Condições Racionais, Intelectuais e Físicas

Além disso convém treinar as emoções para não transparecê-las mediante gestos ou palavras, ainda que sejam as mais banais ou as que não tenham relações aparentes com o jogo.

Por esta razão muitos jogadores usam óculos escuros ou bonés/capuzes que limitem a visão dos seus rostos.

E. As aptidões físicas

As aptidões físicas influem na capacidade de concentração e de tranquilidade para tomar boas decisões.

Não é preciso explicar que o cansaço, o mal-estar ou as sequelas de uma alimentação ruim afetam negativamente e, mais ainda, os excessos de bebidas alcólicas[31], certas drogas ou remédios.

Adicionalmente, destacamos a conveniência do bom funcionamento dos sentidos: a visão e a audição

Boa visão e audição

Não é casual que tenhamos utilizado o termo visão; é mais amplo que "ver".

Não é suficiente ver bem, é necessário observar, ter "uma boa visão" do jogo.

As mesas completas são grandes e, nos extremidades, a distância e a perspectiva dificultam a correta visibilidade das cartas comunitárias (especialmente a distinção dos naipes)

Quem manifesta alguma dificuldade ou deficiência, muitas vezes, se levanta para comprovar se está distinguindo corretamente o bordo. É o caso de uma senhora, bastante conhecida nossa, que nos confessou que há muito tempo não via cara nem coração.

Outros não usam lentes adequadas quando necessitam (até por vaidade). Os óculos de sol muito escuros reduzem a claridade, e todas essas situações atentam contra a efetividade do jogo.

Algo semelhante ocorre com a audição. Algumas jogadas se realizam com sinais, mas outras se anunciam.

Alguns, por timidez ou por condicionamento, falam muito baixo.

---

31. A respeito, o filósofo e erudito Empédocles, na Grécia Antiga, já ensinava a seus discípulos: "Omnibus credere aliquid et bibere ut ego arbitror" ("todo ser humano deve crer em algo e eu creio que continuarei bebendo").

Se levarmos em conta que a decisão verbalizada por quem nos antecede permitir a nossa vez de jogar, não escutar bem pode induzir a cometer erros (se antecipar, por exemplo) que significam prejuízos.

Além disso, como o conhecimento dos rivais se baseia, em boa parte, no que dizem e em como dizem, escutar bem também contribui para jogar melhor.

VIII. As condições emocionais e psicológicas

*Não somos responsáveis pelas emoções,
mas sim do que fazemos com elas.*
Jorge Bucay[32]

A influência das emoções

O fator emocional condiciona os resultados em todos os esportes.

Isto é indiscutível nas disciplinas mentais, nas quais a atenção e a reflexão desempenham um papel preponderante, mas não é menos relevante nas de destreza física.

Podem ser citados centenas de exemplos para comprová-lo, mas poucos são tão evidentes como o que acontece com Tiger Woods, cuja história é bem conhecida.

Em um esporte no qual parece prevalecer a precisão técnica, a destreza e a regularidade dos movimentos corporais, a sua evidente decadência se deveu, exclusivamente, a um estado emocional. Não esqueceu os seus conhecimentos nem diminuiu a sua habilidade, perdeu sua cofiança, sua tranquilidade e sua dedicação.

A influência do componente psicológico no poker é ainda maior.

Este jogo é uma simulação das experiências vitais, na qual ganha o mais hábil, o mais forte emocionalmente, o mais audaz, o mais perspicaz, o que pode blefar sem ninguém perceber, o paciente e não necessariamente quem tiver mais sorte.

No poker, tudo passa pela cabeça e pelo coração. Por isso, a razão e a emoção assumem uma função crucial.

Quando se compete contra inexperientes, a técnica ou a experiência são preponderantes.

Mas as qualidades psicológicas passam ao primeiro plano à medida que o nível dos jogadores e as apostas aumentam.

---
32. Psicólogo argentino contemporâneo.

Alguns desses temas são de caráter geral, mas os mais interessantes são eminentemente práticos.

Vejamos alguns

Paciência e disciplina

Um rapaz era tão ansioso que morreu jovem para ir ganhando tempo. Sem dúvida, não podia, nem devia jogar poker.

Nessa atividade temos que ser pacientes, e não por casualidade vamos expor esse atributo em primeiro lugar. É um dos principais, e é necessário em todas as situações.

Para Kant "a paciência é amarga, mas os seus frutos são doces".[33]

O primeiro conselho que demos a nossos filhos a respeito do Texas hold'em foi: paciência, paciência e paciência. Isso mesmo, três "paciências".

Paciência para aprender

O jogo é simples, mas chegar a um nível que permita desfrutá-lo, não perder muito dinheiro ou ganhá-lo, leva tempo e prática.

Devemos conhecer as suas regras e uma quantidade variada de conceitos fundamentais. Praticar muito e adquirir experiência suficiente. E isso se consegue com o tempo. Por isso, nessa primeira etapa, a paciência é fundamental para aprender.

Não menos certo é que a "experiência é um pente que nos informa o quanto já não temos de cabelo", por isso, temos de compensar com muita dedicação.

Aprendemos com os equívocos. Alguém[34] disse que "na vida, não existem os erros, só existem as lições. Todos aprendem dos próprios erros, mas só os sábios conseguem aprender dos erros alheios".

Paciência para subir de nível

A pressa é má conselheira para escolher em qual nível de apostas jogar.

Claro que "a duração de um minuto depende do lado da porta do banheiro no qual nos encontramos", mas apressar-nos a entrar em mesas de maior valor, motivados

---

33. Immanuel Kant, foi o primeiro e mais importante representante do "idealismo alemão" e é considerado um dos pensadores europeus mais influentes da modernidade e da filosofia universal. Não há registros de que tenha jogado poker, igualmente, não restam dúvidas sobre a inteligência deste cidadão.
34. Lamentamos também não termos referências de quem seja.

VIII. As Condições Emocionais e Psicológicas

pela ansiedade de ganhar mais ou de jogarmos com oponentes melhores, só nos leva a sofrer prejuízos e decepções.

Assim como um atleta que tenta uma experiência em um nível superior pode se lesionar, se escolhermos mal, faremos mal ao nosso ânimo e ao nosso bolso.

E, se não tivermos bons resultados, e a médio prazo não mudarem, necessitamos disciplina suficiente para retroceder e, novamente, paciência.

Paciência no jogo.

Neste momento é quando mais paciência devemos ter. Por quê?

A resposta é simples e, predominantemente, matemática: se na mesa tivermos dez jogadores, a possibilidade de conseguir a melhor mão é de 1/10 (10%).

Se aceitamos que seja razoável ampliar a gama de cartas "jogáveis", no total competiremos em 30% das mãos.

Além disso, a posição na mesa, os stacks e outras questões estratégicas influem notavelmente na decisão de entrar ou não no jogo.

Com isso, seja qual for a análise que se faça, o resultado é semelhante: participaremos de aproximadamente 20% das mãos. O restante do tempo desistiremos e observaremos os outros.

Jogaremos poucas rodadas e olharemos muitas. Se isso nos impacientar, se quisermos jogar todas as mãos, estaremos condenados.

Na Grécia antiga, Plutarco, que de poker sabia muito, ensinava que "a paciência é o diamante da personalidade, tem mais poder que a força."[35]

A melhor maneira de conseguir bons resultados é tirar vantagem das mãos boas e minimizar as perdas quando nos deparamos com as más. Por isso, se não formos pacientes ao selecionar quando jogar, sempre iremos embora com menos dinheiro.

Diante de uma fase ruim extensa, pode acontecer que o desejo de jogar mãos aumente e sejamos induzidos a jogar cartas não muito boas, com as quais normalmente não jogaríamos. A paciência e a disciplina deverão nos conter, serão as ferramentas para construirmos uma boa estratégia. Pelos erros e pressa, pagamos caro.

---

35. A frase é real. Segundo investigações próprias, aparentemente provêm dos célebre diálogos mantidos com os seus companheiros de mesa: Lucião Mestrio, Floro Soscio (Cabeça), Senecio (Magrão), Fundano e o Imperador Adriano (Gordo). Acredita-se que essas partidas eram jogadas no Oráculo de Delfos.

O mesmo acontece quando se joga em má posição. Se um piloto não espera o momento adequado para fazer uma ultrapassagem, as cosequências podem ser nefastas. No poker acontece o mesmo.

A paciência é uma das primeiras virtudes que um bom jogador deve cultivar. Não parece casual que um dos sinônimos do termo seja: "embaralhar e distribuir de novo".

O envolvimento emocional

Como ensina Kathy Liebert[36], "o maior pecado no poker, pior ainda do que jogar muito mal, é envolver-se emocionalmente".

Isso parece óbvio e fácil de dizer, mas, são muito poucos que conseguem.

O poker é fonte inesgotável de emoções. Gera uma inegável e forte excitação, altas pulsações, a alegria e a euforia de ganhar e, por que não, frustração e desgosto, algumas vezes avassaladores, ao perder.

A maioria dos jogadores, ao se sair bem (estiverem ganhando), fica rindo sem motivos, acreditam ser os melhores do mundo e veem a vida com alegria. Tudo são flores. Mas, se perdemos, pouco ou muito, acontece o contrário: tudo é obscuro, nos tornamos insuportáveis e queremos "revanche" já, mas mais que contra o poker, contra nós mesmos.

Isso é normal. Não parece lógico que, ao perder, estejamos contentes, ou vice-versa. A questão é quanto e como nos afeta.

Quem pretende progredir, deve aprender a conter essas influências do jogo e no jogo. Pode parecer difícil conseguí-lo, ou praticamente utópico.

A essa altura da nossa experiência, podemos afirmar que é impossível.

Salvo Federer e algum outro MARCIANO, são raros os exemplos de quem consegue.

Nós seres humanos, somos de carne, osso e "alma". Não se domina as emoções. Por isso, pensamos que o objetivo é o inverso: temos que conseguir "que as emoções não nos dominem". Não podemos nos influenciar por essas tensões. Isso sim pode conseguir-se com tempo e reflexão, ou com boa terapia.

---

36. Destacadíssima profissional do poker. Chegou a cinco mesas finais no WPT, incluindo um terceiro lugar no Borgata Poker Open 2005, passando a ser a mulher que mais ganhou no World Poker Tour. Ganhou um bracelete no WSOP 2004. Foi uma das três mulheres (com Cindy Violette e Annie Duke) a ganhar um evento aberto no WSOP desse ano. Em 2005 ganhou a série Poker Royale: A batalha dos sexos. O seu total de ganhos em torneios ao vivo supera US$5 milhões

Uma das chaves para incorporá-lo é pensar a longo prazo. Essa ótica implica que os resultados cotidianos não alterem a estratégia ou estilo de jogo. Salvo, claramente, que se revelem autenticamente errôneos.

Não podemos mudar segundo o nosso humor ou as nossas emoções passageiras.

O narcicismo

Ao analisar uma fase perdedora e começar a duvidar das suas condições, o nosso amigo Juan Carlos (o sábio "Sapo") perguntou a outro (grande jogador): Você joga para quê, para ganhar ou para ser o melhor? (caso real)

Colocar-se esta questão é mais importante do que parece.

Quem sempre ganha é o melhor e, normalmente, o melhor é quem sempre ganha, Porém, as vezes os melhores perdem.

Ainda que exista uma identificação natural, esses dois objetivos são distintos e os condicionamentos emocionais e suas consequências esportivas também.

E a culpa disso tudo é de Narciso, aquele personagem mitológico, belo e petulante que batiza uma patologia da personalidade: o narcisismo.

Se caracteriza por uma baixa autoestima e vai acompanhada de uma exagerada super valorização da própria importância, e por um grande desejo de admiração pelos demais. Vaidade excessiva e egocentrismo.

O narcisista necessita ganhar para conseguir o reconhecimento e pela satisfação que obtém ao superar o outro. Não é competência em se o que ele valoriza, nem o afã da superação típico dos esportistas, e sim ser reconhecido como "o melhor".

Quem assim estiver influenciado, terá uma exigência tão grande e um objetivo tão alto que qualquer tropeço o frustrará e deprimirá. É muito difícil, diríamos que quase impossível consegui-lo, e o custo é altíssimo.

É como pretender fazer um royal flush no flop. Passaremos uma vida inteira buscando e pagando para isso. Tudo em vão.

Se ganhamos, podemos chegar a ser os melhores. Esperar para ganhar o suficiente. Nosso horizonte deve ser este. Mais humilde e simples. Uma mesa não é o lugar para nos afirmarmos.

Se não nos divertimos jogando, será muito mais difícil ganhar.

A confiança

Os principiantes não conseguem refletir sobre a autoconfiança. Se limitam a jogar como sabem, às vezes melhor, às vezes pior.

Em que e como influi no poker?

Existem dois fatores que tem uma relação direta com os resultados: confiança e agressividade. Um jogador com convicções aumenta a sua agressividade (entendida esta como estilo de jogo), uma qualidade fundamental no poker atual.

Claro que há um limite, não podemos negar a possibilidade de revisar aqueles aspectos de nosso jogo que o requeiram.

Confiança sim, mas não "confiança cega".

A audácia

Ninguém aconselharia dedicar-se ao automibilismo a quem não tenha uma certa dose de audácia. O mesmo acontece no poker.

Não está em jogo aqui a integridade física, mas sim, o dinheiro e a moral (como condição emocional).

O estilo de jogo agressivo hoje é dominante e, necessariamente, temos que desenvolvê-lo ou ter a capacidade de defesa frente a ele.

Para isso é preciso audácia. Ninguém que não tenha essa aptidão poderia praticá-lo com razoáveis expectativas de êxito.

Isso não significa loucura, nem assumir riscos não controlados. Mas quando temos que corrê-los, devemos fazê-lo.

Se não houver "água na piscina", não devemos pular, mas se houver, teremos que saltar da plataforma ou trampolim mais alto.

Muitas vezes, decidiremos pagar um raise e descobriremos que o jogo do oponente era melhor que o nosso. Outras vezes, ganharemos sem ter uma mão muito boa, pois o demais jogadores terão piores.

O certo é que, se decidirmos abandonar cada vez que tivermos medo que o rival tenha um jogo melhor (e se mostrarmos medo muitas vezes), terminaremos perdendo mais do que se corressemos riscos calculados, o que, depois de tudo, é uma boa definição do jogo.

VIII. As Condições Emocionais e Psicológicas

Em resumo, o medo é tão mal conselheiro quanto a temeridade, mas esta pode ser útil em alguns contextos, enquanto que o outro, é sempre uma emoção negativa e paralisante.

Como se diz habitualmente: "se tiver medo, compre um cão".

Os altos e baixos

O poker é um jogo de altos e baixos.

Se pensamos em um prazo mais ou menos longo, por exemplo, um ano, uma pessoa pode obter excelentes resultados, e a seguir, em função de más atitudes ou de um torneio mal jogado, parecer péssimo jogador.

E, em um prazo curto, por exemplo, dentro de uma mesma sessão, pode ter uma linha de desenvolvimento estratégico coerente, com bons resultados, e mesmo assim enfrentar a derrota.

Esses instantes, esses períodos, acumulados, farão parte de uma corrida, mas constituem fragmentos que devem ser estudados equilibradamente. O ritmo deve ser suficientemente rápido e agressivo para ganhar, mas não tanto para nos fazer quebrar ou parar no meio da corrida.

O poker é um processo metódico. Na verdade, não se joga em uma só mão, em uma sessão ou torneio. Segundo Charles Lamb[37], "o poker é uma guerra vestida de esporte".

Exige grande quantidade de energia; há conquistas para festejar e derrotas para superar; cada batalha é singular, se nos deleitarmos por uma vitória, e relaxarmos crendo que triunfamos, corremos o risco de perder a próxima, e talvez mesmo, a guerra.

Um jogador será ou não bem-sucedido se o julgamos ao longo de um prazo considerável, melhor ainda, de toda a sua carreira.

Uma das consequências práticas habituais para a moléstia causada pela má fase, ou má sorte, é a diminuição do stack. Especialmente nos torneios, muitos fazem apostas desesperadas (primeiro erro), diante de um raise ou reraise, em vez de dar fold ou pagar para ver o flop, colocam all-in e seja o que Deus quiser (segundo erro).

Se justificam dizendo frases como: "all-in, ou dobro ou vou embora" e geralmente vão mesmo, porque esse raise era tudo que o outro jogador queria. Qualquer das outras

---

37. Foi um ensaísta inglês de ascendência galesa, reconhecido por sua obra "Falácias Populares". Morreu em 1834 e é considerado como a figura mais encantadora da literatura inglesa.

condutas o permitiriam ganhar ou perder menos e, fundamentalmente, continuar jogando. Como enquanto há vida há esperança, a falta de tranquilidade não é boa conselheira. O espírito combativo sim. "O ponto chave no poker é nunca perder a cabeça. Se você a perder, seguramente perderá todas as suas fichas" (William J. Florence[38]).

Em certas ocasiões, alguns jogadores não muito experientes (e, sobretudo, não muito centrados) se focam obsessivamente em um rival, que consideram culpado pela sua má sorte.

Isso não ajuda: O poker não é um duelo de um contra um, e sim de todos contra todos.

Outro erro habitual é subir de nível ou elevar as apostas desmedidamente, para recuperarmos o mais rápido possível: perderemos o mais rápido possível.

"Não se esqueça que sempre haverá outra partida, se não amanhã, depois de amanhã ou semana que vem. Gosto de pensar no poker como um jogo constante, que dura toda a minha carreira" (Jennifer Harman[39]).

Como enfrentar as bad beats

As bad beats são aquelas situações nas quais a nossa mão perde, contrariando as expectativas.

A causa pode ser uma jogada "absurda" do rival e/ou muita má sorte.

Por exemplo, temos A♥A♣, e o outro põe todas as suas fichas com Q♦10♦

Pagamos; as cartas comunitárias trazem:

[10♥ 7♦ J♣]

Nosso par ganha com tranquilidade. A quarta carta comunitária (turn) é:

[A♣]

---

38. O seu verdadeiro nome era William Jermyn Conlin, faleceu em 1891. Foi um renomado ator, compositor e dramaturgo americano.
39. Harman começou a sua carreira como jogadora profissional com 21 anos. O seu primeiro grande êxito foi na WSOP de 2000. O segundo bracelete chegou em 2002 e conseguiu ser a primeira mulher a ter dois braceletes da WSOP.

VIII. As Condições Emocionais e Psicológicas

Formamos um trinca, e o estamos dominando. O river (quinta carta) é:

K♠

E nosso rival ganha as fichas com sequência runner-runner (que conseguiu nas duas últimas cartas), e nós sofreremos o desgosto.

Quantos desses exemplos poderá contar o leitor? Quantas vezes já escutamos essa história? Existem mais temas entre os aficionados que as suas bad beats?

Nesses casos tristes, temos que fazer um esforço, as vezes descomunal, para não perder a calma; devemos levantar-nos, caminhar, respirar fundo, contar até dez, até cem ou até mil, voltar a concentrar-nos e retomar o jogo segundo a mesma estratégia que desenvolvíamos até essa desgraça.

Se não conseguirmos, e não estivemos em um torneio, melhor ir embora: amanhã será outro dia.

O tilt

Muitas vezes algo falha, os nervos jogam contra nós, e nos descontrolamos. A esse estado damos o nome de TILT.

A partir de um momento gélido como este, as nossas decisões deixam de ser racionais, para cairmos nos abismos da falta de estabilidade emocional.

O tilt é uma das dificuldades mais complexas de se enfrentar, nos faz jogar pior, cometemos erros incríveis, "erros de principiantes".

Já não importam as cartas, a posição, praticamente nada importa. Jogaremos de maneiras muito diferentes.

Se o estado persistir ou se repetir frequentemente, estamos diante de um problema difícil que, se não for revertido, nos levará a perder muito dinheiro.

Uma das chaves racionais para enfrentá-lo é ter consciência de que surge frequentemente e, sobretudo, não tomá-lo como algo que acontece unicamente conosco.

O ideal seria deixar de jogar e, na medida do possível, fazer exercícios de relaxamento, distender os músculos, tomar água, se mexer, caminhar. Fazer qualquer coisa que nos tire da situação na qual estamos, não só do jogo, e sim também da armadilha emocional que caímos.

Uma opção efetiva é a yoga, alguns "asanas" são particularmente relaxantes.

Outra é a meditação. O efeito dessa terapia é garantido, especialmente se for orientada e praticada com profissionais de alto nível.

"Aceite que terá fases de perdas, assim como fases de ganhos. Caso se sinta muito frustrado, é hora de deixar de jogar. Digo aos jogadors que devem reconhecer quando chegou o momento de abandonar. É um dos aspectos mais importantes para converter-se em um jogador de êxito no mundo do poker" (Phil Ivey[40]).

Intuição, sabedoria do inconsciente versus palpites

A virtude de tomar decisões racionalmente tem uma contrapartida: a intuição que, como veremos, não é tão antagônica como parece.

Apelar a intuição não é sinônimo de tomar decisões aleatórias ou caprichosas, e sim um impulso ou conhecimento que, se por um lado não é comprovado, tem uma sustentação compreensível.

Segundo os psicólogos Burke e Miller "a intuição seria a solução de problemas efetivada de modo inconsciente e baseada no conhecimento acumulado pela experiência cotidiana, atividade profissional específica e na formação acadêmica".[41]

Como em outras áreas da vida, em determinados momentos muitos sentem "uma voz interior" que lhes indica o que fazer e, o mais interessante é que, geralmente, é ACERTADA!

Daniel Negranu diz que essa voz é "um mecanismo interno baseado em centenas de milhares de mãos jogadas que ajudam ao indivíduo a decidir o que fazer".

---

[40]. É um dos mais destacados jogadores internacionais da atualidade. Aos 33 anos, é o mais jovem a ganhar oito braceletes da WSOP e o conseguiu em apenas dez anos.

[41]. Há quem diga que na vida nada é por acaso, e que tudo tem um motivo, possa ou não explicar. Há quem "sinta" que algo ocorrerá, pressentem situações ou tem percepções inexplicáveis. A ciência e a filosofia levantaram diversas questões e explicações ao aparentemente inexplicável. Sintetizando, poderíamos distinguir basicamente o confronto entre causistas e casualistas. Para os primeiros, as casualidades, ou feitos que não têm explicação aparente, como estar pensando em alguém no momento em que nos telefona, são atribuídos às inimagináveis capacidades que a mente possui para forçar acontecimentos. Algumas destas capacidades (latentes em cada ser humano), que ao chamá-las poderes extrassensoriais podem ser tomadas como algo mágico, foram reconhecidas cientificamente. Muitas delas são estudadas pela psicologia transpessoal e metafísica, entre outras disciplinas. Os supostos poderes extrassensoriais são chamados assim por serem alheios aos cinco sentidos normais. A Metafísica estuda o que está mais além da física, cruzando a fronteira do perceptível pelos sentidos. Tecnicamente falando, a metafísica é a ciência que estuda a realidade suprassensível; o que se encontra mais além do físico, e que apenas a razão pode captar. Voltaire, entre tantos outros, disse: "a casualidade não é, nem pode ser mais que uma causa ignorada de um efeito desconhecido". Célebre filósofo e escritor francês.

VIII. As Condições Emocionais e Psicológicas

A intuição é o conhecimento direto e imediato que obtemos de algo sem intervenção da dedução ou do raciocínio.

É um GPS interno que nos orienta. O importante é não escutar: RECALCULAR!

Outras percepções substancialmente diferentes são os pressentimentos, os presságios ou palpites.

Estes impulsos não provém de algo explicável. São meras sensações de que ocorrerá algo, ligadas ao sensitivo ou ao extra sensorial. São só isso, emoções.

Seguir os pressentimentos ou decidir em função de simples palpites, nos levará, decididamente, à ruína.

Os prejuízos e preconceitos

Também é nocivo formar preconceitos a respeito de determinadas cartas, limitando o nosso jogo em função delas.

Por isso, a primeira coisa que se deve fazer, é distinguir as boas mãos, porém perigosas como 10♠10♦ ou J♥J♠, daquelas que tivemos má experiência e terminamos nos condicionando negativamente.

Se levarmos em conta que entraremos no jogo quando recebermos cartas razoavelmente boas, não jogar aquelas com as que tivemos frustrações fará com que, em pouco tempo, não tenhamos combinações possíveis.

Quantas vezes escutamos que, prejudicialmente, alguém disse: eu com 8♠8♦ não jogo mais. Provavelmente, depois dar fold, o flop traga um 8♣ e, seguramente, nada poderá tranquilizar o jogador.

Outra situação semelhante, mas de viés contrário, também é prejudicial.

Habitualmente escutamos: paguei porque são as minhas cartas preferidas. Não se avaliam outras contingências que influem para tomar uma boa decisão.

Uma coisa é a intuição, esse real sentimento concreto, ainda que inexplicável que algumas vezes experimentamos, em uma atividade que desenvolvemos há tempos, e outros são os palpites e pré-julgamentos.

Finalmente, uma recomendação: popularmente se reconhece que este "sexto sentido" está muito mais desenvolvido nas mulheres, por isso se fala da "intuição feminina". Se esta crença fosse certa, e como todos nós temos "lados masculinos e femininos", é bom ter especial cuidado quando enfrentamos quem manifesta possuir mais influência da "progesterona", seguramente terão mais vantagens comparativas.

As superstições

Muitos jogadores estão condicionados por "mandingas" ou superstições. Quantas vezes você já viu alguém dar fold com boas cartas porque não sentiu boa vibração, ou considera que alguém que esteja assistindo lhe traz má sorte ou o que é pior, que o dealer é azarado?

Se um supersticioso passou por baixo de uma escada antes de entrar na sala, se cruzou com um gato negro, for sexta-feira 13, ou não cumpriu com as suas simpatias, terá uma predisposição negativa paralisante.

Como para quem tem essas crenças arraigadas, é difícil abstrair-se, o melhor conselho é não jogar: se tivermos más vibrações quase sempre perderemos.

O ideal é não estar condicionado. Não obstante, não podemos deixar de advertir que não pode se justificar o crédito nessas crenças "primitivas" e "rústicas" a essa altura do desenvolvimento do conhecimento humano e, além disso, não é lucrativo nem conveniente, em função de que está demonstrado que ser "supersticioso traz má sorte".

As fases

A fase, pode ser boa ou ruim, e representa um período de tempo em que se exerce determinada atividade.

No poker as fases são experiências evidentes e reiteradas. Todos passamos por mais de uma. As fases são como as leis de Murphy: "podem falhar, mas nunca falham".

Há fases boas e ruins, e parece proveitoso conhecê-las mais de perto e ver como passar por elas da melhor maneira possível.

As fases ruins

Uma das situações mais desagradáveis que inexoravelmente se experimenta, são as más fases.

Todo jogador sabe que elas chegam, são inevitáveis, e acontece com os principiantes, os avançados e os profissionais.

VIII. As Condições Emocionais e Psicológicas

São épocas nas quais tudo dá errado e aparece a sensação de que, façamos o que fizermos, perderemos. E o mais espantoso é que perdemos. É uma profecia que se cumpre sozinha.

As razões que geram essa sensação, esse estado de espírito desolador, podem ser diversas: não receber cartas boas, ter sorte, mas ver o oponente ter mais sorte ainda, perder sempre contra flush ou straight draws que se concretizam, uma sucessão de bad beats ou uma combinação de tudo isso, em forma permanente, durante um certo período de tempo.

Para fazer um diagnóstico correto, devemos levar em conta se estamos jogando bem: o nosso jogo habitual, de maneira reflexiva e atenta. Não devemos confundir fases ruins com resultados motivados por jogar mal.

O que causa esse tipo de fase? No poker o azar tem influência, e você não pode controlá-lo.

Alguns creem no destino, nos karmas, em castigos divinos por estar jogando na hora de trabalhar, ou por não ter se comportado bem em algum outro momento da vida. Outros sustentam a tesa das energias negativas, o inconveniente alinhamento planetário e os prognósticos sombrios do horóscopo. Cada um terá a sua explicação.

Não devemos colocar a culpa no azar: "Só os perdedores e os amadores é que se queixam das cartas" (Lou Krieger[42]).

Além de reconhecer a situação, é importante analisar o que podemos fazer quando acontecer conosco. Os profissionais que sofreram com esses períodos de seca, dão conselhos interessantes:

Segundo Scott Fischman[43] (Fonte "Online Ace"), devemos jogar de forma mais conservadora e mais agressivamente: "Muitas fases ruins se desencadeiam por dois fatores, jogar muitas mãos e jogá-las passivamente".

Devemos descansar, acalmar-nos, tratar de ver o que acontece o mais objetivamente possível, fazer um esforço de concentração e, se a fase persistir, deixar de jogar.

Nunca devemos subir para um nível de apostas superior. Esse erro é gravíssimo e muito habitual. Perdemos sensatez e queremos recuperar rápido o dinheiro perdido. A nossa ansiedade nos vence, e isso nos custa muito dinheiro.

---

42. É um reconhecido jogador profissional americano. No começo dos anos 90, começou a publicar uma mítica coluna chamada "On Strategy" na revista *Card Player*. Escreveu onze best-sellers e inumerável quantidade de artigos sobre estratégia de poker. Venceu diversos torneios.

43. Grande jogador profissional dos Estados Unidos. Conseguiu prêmios em quatro eventos da WSOP e vários na WPT.

Se não pudermos deixar de jogar, temos que fazer o contrário: sentar em outra mesa, com apostas menores, então aproveitamos, e jogamos contra outros oponentes.

Cada especialista tem as suas receitas para superar o período ruim. São sempre peculiares, por isso, transcreveremos a de Todd Brunson[44]:

"Para os que usam o hemisfério esquerdo do seu cérebro, isto é, pessoas centradas e lógicas:

1. Jogar menos mãos (menos oportunidades de sofrer bad beats).
2. Fazer apostas de menor valor.
3. Não praticar mais o semiblefe (apostar com draws de flush, sequência), isso impedirá o famoso check-raise (o adversário pedir mesa, e aumentar a sua aposta).
4. Não blefe (se não serviu antes, funcionará menos agora)..

Para os que usam o hemisfério direito, ou emocionais:

1. Dar uma volta ao redor da cadeira.
2. Dar uma volta ao redor da sua casa.
3. Usar amuletos.
4. Sacrificar um frango vivo.

Se nada disso funcionar, deixe de jogar. (Fonte: "Power Hold'em Strategy").

Não obstante, é imperativo ver o poker a longo prazo e se divertir, tratar de jogar bem, de fazer o nosso jogo, de maneira relaxada. Os bons resultados chegarão.

As boas fases

Durante uma boa fase, um "rush" positivo, também se corre o risco de perder a objetividade.

As boas fases podem ser viciantes, e fazem com que entremos em um frenesi no qual perdemos a objetividade e a prudência.

Negreanu explica: "a maioria dos jogadores acredita que, quando se está 'na fase', deve-se jogar qualquer mão para mantê-la" e esclarece: "há um grande inconveniente

---

[44]. Profissional de poker. Quando começou era conhecido apenas como o filho de Doyle Brunson. Se matriculou em Direito na Universidade Técnica do Texas. É famoso por ter ganhado US$13.500.000 em um heads-up de US$50.000-US$100.000 Limit Holdem. Escreveu vários livros, entre eles O Professor, o Banqueiro e o Rei Suicida). Até 2009, os seus ganhos em torneios ao vivo passavam dos US$3 milhões.

VIII. As Condições Emocionais e Psicológicas

que podemos ilustrar com a seguinte situação. Digamos que você jogue uma moeda ao ar e sai cara nove vezes consecutivas. Quais são as possibilidade de que na jogada seguinte dê cara novamente?" Por isso deve "jogar qualquer mão (...) como se não tivesse ganhado as anteriores".

Em todo caso, não deixa de ser certo que as boas fases arrastam determinados condicionamentos favoráveis: maior confiança e o correlato deterioramento motivacional dos adversários.

Negreanu aconselha: "Se os seus oponentes estiverem convencidos de que você está 'na fase', use isso contra eles". Está na astúcia de cada um de poder usar essa vantagem psicológica a seu favor.

IX. Tipos de jogadores

A principal diferença entre um principiante e um jogador experimentado consiste em que ambos entendem esta obra, mas os últimos percebem mais rapidamente que não gastaram bem o seu dinheiro.

A. Os padrões de classificação

Todos os estudiosos distinguem os jogadores em função do estilo.

Na literatura do poker, se classificam de tight os conservadores, como loose os ousados, e como maníacos os imprevisíveis.

Contudo, esta classificação leva a confusões, em função de um jogador não jogar sempre da mesma maneira e, precisamente, é recomendável não o fazer.

É certo que alguns, por sua personalidade, não podem jogar estilos diferentes mas, em tal caso, deverão ser classificados por essa característica e não por como jogam.

Uma coisa é o "tipo de jogador" e outra é o estilo que adota. Há diferentes traços de personalidade para fazer uma classificação mais completa, mas não parece suficiente distinguí-los em função de dois parâmetros: os seus impulsos – os motivos que os levam a tomar decisões e o seu nível de jogo.

A maioria poderá praticar um ou mais estilos durante algum tempo, um torneio ou durante uma só partida. Outros poderão jogar de uma só maneira.

Vejamos as diferenças.

Tipos de jogadores de acordo com os seus impulsos

Distinguimos três classes:

1. Os intuitivos: predominam as suas sensações e os seus sentimentos. Se reconhecem neles capacidades sensoriais nas quais confiam e, nessa base, decidem. Não estudam nem possuem experiência, e também não lhes interessa conseguí-la.
2. Os racionais: sabem, conhecem e se desenvolvem. Sustentam a sua ação com julgamentos baseados no seu conhecimento e discernimento. São predominantemente jogadores que pensam.

3. Os loucos ou maníacos: São imprevisíveis, funcionam sem uma lógica prévia, e não respondem a impulsos racionais. Não estudam, e a cultura do jogo lhes é indiferente. Provavelmente, será muito difícil que algum desses não pratique permanentemente um jogo loose e agressivo. Sua idiossincrasia impediria.

Os outros poderão adequar-se a estilos diferentes, segundo o aconselhem as circunstâncias (já falaremos dos estilos).

Finalmente, comos os loucos jamais serão bons jogadores, não nos interessa a sua leitura, salvo para detectar padrões quando os enfrentarmos, acertar o modo de atuar e tirar proveito.

Tipos de jogadores de acordo com o seu nível

Considerando as suas aptidões e a sua experiência, reconhecemos seis níveis:

1. Os ocasionais: jogam pouco e por diversão. Para eles, o poker é um passatempo e não prestam muita atenção aos requisitos para aprender e progredir. As suas decisões são, primordialmente, instintivas.
2. Os entusiastas: jogam bastante, mas também intuitivamente, sem muito conhecimento e são pouco treinados. Não estudam, ainda que joguem frequentemente.
3. Os amadores ou aficionados: sentem um claro interesse pelo esporte. Estão na primeira etapa de aprendizado e desejam aperfeiçoar-se. Jogam habitualmente e se preocupam em aprender. Podem ter êxitos, chegando a mesas finais de torneios ou até ganhar alguns, ou conseguem ser lucrativos nas mesas de cash games.
4. Os semiprofissionais: já têm a capacidade de regular o seu jogo, de conseguir recompensas financeiras regulares com o poker, e contam com um bankroll considerável. São jogadores formados, analíticos e experientes, e têm uma dedicação praticamente exclusiva.
5. Os pro (profissionais): estão consagrados e vivem exclusivamente da atividade, são os mais experientes, capazes e bem-sucedidos, tendo um vasto conhecimento do jogo.

6. A elite: estão no topo da pirâmide. São os profissionais que, por sua genialidade e regularidade, se destacam claramente do restante. Para evoluir no poker, como em todas as áreas, têm que estudar, praticar e treinar, ter condições e trabalhar sobre elas. Umas dos significados de "condição" é a aptidão e disposição, e esse é o objetivo ao qual devemos nos ater.

Para consegui-las não é fácil. Temos que criar capacidades e também cultivá-las.

B. Conselhos para evoluir

Os primeiros passos

A principal maneira de aprender e de melhorar é praticando. Tem de se estudar as regras, a teoria, a técnica, estratégia e demais temas inerentes, mas a melhor maneira de aprender os conhecimentos é jogando o tempo que for possível.

Existem formas de consegui-lo grátis:

1. Softwares para jogar contra o nosso computador.
2. Comunidades de jogadores e torneios nas principais redes sociais (Facebook por exemplo) com pontuações e rankings.
3. Jogos oferecidos por salas de poker online e torneios freeroll.
4. Jogos entre familiares ou amigos.

Cada uma dessas opções tem as suas particularidades, e sua efetividade é diferente.

Quanto menos dinheiro houver em disputa, ainda que tenha pontuação para ranking, o aprendizado será menos instrutivo.

Uma possibilidade muito boa são os torneios "freeroll", nos quais, não se paga para entrar, mas prêmios reais podem ser conseguidos (em dinheiro, presentes ou entradas para outros torneios).

Nas salas de poker online, você se familiariza com o software, com a linguagem, o ritmo do jogo e com as suas regras.

Outra são as mesas de valores pequenos, com a vantagem de que a atitude dos participantes é mais concentrado do que nas gratuitas.

A decisão de trocar de nível de apostas deve ser tomada com cuidado. O aconselhável é permanecer nos valores mínimos até conseguir uma estratégia de jogo mais ou menos sólida.

Os limites de uma mesa permitem amenizar as possíveis perdas. Além disso, nas de menor valor, geralmente, haverá jogadores com pouca experiência. Ao jogarmos na mesa adequada, se joga com maior tranquilidade, segurança e efetividade.

Não prentendemos ficar ricos de um dia para o outro. Se supusermos que, no princípio, vamos ganhar muito dinheiro, a frustração será grande. Temos que se jogar poucas mãos, com prudência e inteligência, saber esperar e deixar a ansiedade de lado. Diz um conhecido refrão "se no poker você quer ganhar, não se canse de dar fold".

A habilidade relativa

Depois de algum tempo de prática intensiva, é provável que tenhamos condições de avaliar melhor o restante dos competidores e as mesas.

Para saber como estamos posicionados diante dos adversários devemos, primeiro conhecer a nós mesmos, a nossa habilidade, os conhecimentos e a nossa experiência em relação a dos outros; isso é a chamada **habilidade relativa**.

"Grande parte do dinheiro que ganhará no poker não virá da excelência do seu jogo, e sim da inaptidão dos seus oponentes" (Lou Krieger). Aprender a identificá-los é essencial.

Assim como ao começarmos a jogar se aconselha um estilo **tight**, para evitar riscos, não é correto dizer que quem não arrisca não ganha, e tampouco aprende.

Mason Mallmuth assegura que prefere o jogo **tight**, mas afirma que com este estilo nunca se chegará a ser um grande jogador.

Ser um jogador mais loose por alguns momentos pode servir para enfrentar experiências de jogo diferentes. Trocar a estratégia e animar-se a arriscar mais, no pós-aprendizado, é um desafio para progredir.

Em um melhor nível de jogo, dois elementos adquirem importância e requerem um domínio mais preciso: **as estatísticas e as estratégias**.

IX. Tipos de Jogadores

No longo prazo, a lei das probabilidades se cumpre inexoravelmente, e os bons jogadores apostam quando as odds (probabilidades) lhe são favoráveis. Deve-se conhecê-las.

As possíveis estratégias a desenvolver em cada uma das estapas do jogo, em função da mão que possuímos, o tipo de jogo, do torneio, da leitura, da situação dos oponentes, do valor das apostas, do controle de bankroll, do stack e do pote, entre tantos outros temas, fazem a diferença entre um aficionado e alguém de nível (dedicaremos cada capítulo seguinte a estes itens).

A trajetória de um profissional

É comum que as pessoas pensem que um profissional bem-sucedido, em qualquer esporte ou ofício, é uma pessoa que nasceu com uma aptidão sobrenatural, com um dom. Acreditamos que se trata de um pré-julgamento.

Obviamente, não é qualquer um que consegue sucesso, e são necessários dotes pessoais, mas, por trás de cada talento, há horas e horas de prática, estudo, aperfeiçoamento, constância e desejos de autosuperação.

A relação de um profissional não se limita ao momento de jogo. Ele analisa o poker e as suas estratégias pessoais.

Um profissional vive, sente, respira e ama o poker. Se mantém informado e atualizado. Conhece estatísticas, as compara com as dos seus rivais, e as analisa. Toma notas, avalia e repassa as suas jogadas.

A grande maioria das habilidades que caracterizam um jogador desse nível se constituem, se moldam, ainda que também sejam necessárias algumas inerentes à personalidade. Uma delas é o gosto pelo risco. Alguém temoroso, não chegará tão longe, onde as apostas são altas e o jogo é agressivo.

Para atingir qualquer objetivo se requer perseverança, dedicação, cumprir muitos requisitos mas, como disse uma pessoa iluminada: basicamente é necessário ter a capacidade de sonhar...e foi dormir. Nunca passou de principiante.

Chegar a ser um profissional, com o esforço que isso significa, traz consigo outro desafio mais difícil ainda: manter o nível.

Finalmente, acreditamos que revelar como se chega à "elite" é uma tarefa exclusiva dos poucos que conseguiram chegar lá. Nós, obviamente, também queremos sabê-lo.

Talvez a melhor explicação tenha sido de Doyle Brunson[45] quando sintetizou que o grande segredo é conseguir ser feliz jogando poker.

---

45. É um ícone dentro dos profissionais do poker. Foi o primeiro a ganhar 1 milhão de dólares. Doyle "Texas Dolly" Brunson ganhou dez braceletes da WSOP, conseguindo um sucesso contínuo nos jogos de limites mais altos, e já está em atividade há meio século, o que lhe confere a justa fama de LENDA. Muitos consideram que o seu livro, *Super System*, seja a Bíblia do Poker (claro que foi escrito antes que o nosso, obviamente). Chegou à final do primeiro WPT, venceu no Legends of Poker, e a 3ª temporada também no World Poker Tour. Em 2004 foi condecorado e ganhou o seu lugar no Hall da Fama do poker junto com Gus Hansen e o ator James Garner. Conquistou dez braceletes e dois títulis de campeão em 1976 e 77. Estes dois últimos títulos consecutivos, ganhou com as mesmas cartas e o mesmo jogo. Full House de dez e dois. Desde então, essa mão é conhecida como "Doyle Brunson".

X. OS ESTILOS DE JOGO

*Para ganhar devemos conhecer os nossos rivais,
especialmente as suas fraquezas.*

A. Tipo ou estilo

Em função de ser o habitual na bibliografia, vamos falar de "tipos de jogadores" ainda que, como já esclarecemos, isso não define uma pessoa, e sim uma forma de jogar.

Para muitos, há tantos estilos quanto jogadores, e é inútil qualquer caracterização.

A partir desse ponto de vista, e assistindo as constantes trocas de estilo que constatamos durante uma sessão, pode não ser de todo preciso distinguir formas básicas de jogo, mas vale a pena tomar estas que detalharemos como referência.

As categorias que descreveremos delimitam características típicas, e a sua importância reside na possibilidade de adpatar convenientemente a nossa estratégia. Cada forma tem as suas vantagens e desvantagens, e um bom jogador deve explorá-los de acordo.

Caso se estigmatize um rival, não se registrarão as mudanças que seguramente ele experimentará ao longo de uma partida, salvo os poucos flexíveis.

Normalmente, os estilos são: tight, loose ou maníaco (conservador, temerário ou imprevisível), e estes divididos em agressivo ou passivo. E os tipos surgem das suas combinações: tight-agressivo, tight-passivo, loose-agressivo e loose-passivo.

Deixamos de lado aos maníacos, porque deles é impossível tirar alguma conclusão.

Também nos ocuparemos de outros jogadores que têm vantagens ou desvantagens competitivas. Falaremos dos fishes (fracos), dos previsíveis e dos imprevisíveis.

B. Os estilos de jogo típicos

Os tight-pasivos: as rochas

Se caracterizam por serem muito conservadores e de pouca ação, o que os faz ganhar o apelido de rochas.

É útil registrar quem aposta ou dá raise com frequência mas também, quem dá muitos fods. Quando esta atitude se reitera, estamos diante de um jogador tight e, nas poucas mãos que ele jogar, poderemos determinar o seu nível de passividade ou agressividade.

As rochas jogam as melhores mãos, e de maneira conservadora. Não se deixam levar pelo humor, são disciplinados e constantes.

Não terão grandes prejuízos e têm muita chances de ganhar as mãos que jogam. Porém, são previsíveis. Se aumentarem uma aposta, têm boas cartas, e se derem reraise, têm o NUTS (melhor jogo possível).

Isso ajuda a selecionar as mãos com as quais devemos enfrentá-los ou não, mas provoca dois grandes inconvenientes: um é a monotonia.

Alguns dizem que preferem "escutar uma partida de xadrez pelo rádio" do que jogar contra uma rocha.

A quem seja atraído pela ação, o impulso os faz entrar na mão mais frequentemente do que o aceitável. Em algum momento se cansam dessa calmaria, e então, estarão em desvantagem.

O segundo prejuízo acontece esporadicamente se eles resolverem inovar. Sair do livro. Pode ser letal para aqueles jogadores que acreditaram ter mapeado o oponente.

Contra eles, deve-se jogar com as melhores cartas ou com bons draws e cartas conectadas. Nunca com mãos marginais, ainda que as rochas controlem bem o valor do pote, apesar das boas cartas.

Se apostarem, não é aconselhável aumentar e, se nossa mão não for muito valiosa, não devemos sequer pagar. Se eles passarem a vez (mesa), pode-se tentar um blefe. Tem boas possibilidades de ser bem-sucedido, pelo já citado instinto conservador do nosso oponente. Mas cuidado, é preciso ser seletivo nessas horas, porque esse tipo de jogador confia na força das suas cartas.

Com boas mãos não se deve jogar de maneira conservadora contra eles. É preciso aproveitar a sua passividade e colocá-la a nosso favor, jogando o problema para o adversário. Como? Sendo agressivo, assim passaremos a decisão sempre para o lado deles.

Em resumo, se encontrarmos uma ROCHA, temos que ser mais seletivos e, com um bom jogo, devemos maximizar o seu valor.

Quem o conheceu, afirma: Platão era um a típica "rocha", tal como se vê na foto.

Um dos seus ensinamentos mais valiosos, que definiram o seu estilo de "jogo", foi: "ego cogito, videre non possumus ut manus nesumm loco, alioqui secus malus anno, est ridiculum, puta verum dixi".[46]

---

46. "Eu penso, não podemos ver uma mão como essa em nenhum lugar, é ridículo, é a pura verdade", ele disse (investigações próprias).

X. Os Estilos de Jogo

Os tight-agressivos (TAG)

Este estilo é mais difícil e requer treinamento.

Em geral, os "TAG" são muito bons jogadores, ainda que haja exceções: os denominados "TAG fish (fracos)", que serão analisados mais adiante.

O tight-agressivo é um estilo construído, cultivado, não está determinado pela personalidade. Contra eles temos que estar atentos e evitar que tirem proveito.

Um TAG sabe escolher as suas mãos e jogá-las com a agressividade necessária. São disciplinados. Não relaxam nem deixam o jogo fluir, calculam cada movimento. A sua concentração é constante e jogam com intensidade e paixão. São precisos, pacientes e não perdoam.

Eles têm muito do que se necessita para ser um grande jogador: solidez e agressividade seletiva. Têm boa leitura de cartas, das situações de jogo e são decididos.

Por tudo isso, os tight-agressivos são os mais difíceis de enfrentar.

Devemos considerar as suas ações pelo que acreditamos que eles tenham na mão, e pela leitura que pensamos que eles fazem do restante do jogo.

A posição na mesa mais conveniente é estar à direita deles. É preferível que atuem depois de nós.

Como enfrentá-los? Uma forma é jogar o seu próprio estilo e estar em um excelente dia, no que se refere a tomada de decisão (ou se já formos muito bons jogadores). Se estivermos em tilt, sem disposição, distraídos ou abatidos, é melhor deixar para a próxima.

Não blefe seguidamente, eles têm habilidade para detectar mais habitualmente do que os outros. Além disso, confiam em se mesmos, são sólidos, pagam e aumentam, é difícil acovordá-los. Calculam com precisão as odds e decidem com base nelas.

É desaconselhável enfrentá-los com mãos marginais. Eles jogam com as boas; se não deram fold, é provável que você esteja em desvantagem. Sem excelentes cartas, melhor evitar o raise, não raro, ouviremos RAISE novamente.

Agora, se as cartas forem boas, não podemos ter dúvida. Devemos acelerar o jogo o também colocar-nos no mesmo nível da agressividade deles

Dentro dessa modalidade, encontramos os TAG Nit.

São os ultratight, excessivamente seletivos, jogam só cartas premium, mas são agressivos. Em geral, não são maus jogadores, mas só conseguem obter lucros em mesas de limites mais baixos.

São fáceis de explorar porque dão muitos folds, e são mais cautelosos que qualquer outro jogador. São rochas agressivas.

Os blefes funcionam contra eles.

Os loose-passivos

Se caracterizam por entrar muitas vezes no jogo, sem tomar a iniciativa.

Se deixam levar pela corrente, não têm autocontrole e se incomodam diante de situações de agressividade. Não estão dispostos a blefar ou a aproveitar situação de dominar ou de sequer tentar tomar o controle/iniciativa de uma mão.

A sua característica os levará quase sempre a chegar até o river (quinta carta comunitária), com a qual pode ser que acertem uma carta milagrosa e terminem nos aplicando uma belíssima bad beat. As probabilidades de que isso aconteça são maiores, por motivos óbvios, do que quando tivermos um tight pela frente. Porém, são situações excepcionais: na média de jogadas, um loose-passivo é o melhor oponente que podemos ter.

Já escutamos alguém dizer que eles são como o "Banco 24 Horas" ou ATM (caixas automáticos): sempre entregam dinheiro.

Não calculam as odds, não largam draws, mesmo quando são difíceis de conseguir, tentam de tudo.

Apresentam uma dificuldade: são incompreensíveis. Ao jogarem quaisquer duas cartas, tenham o que tiverem, é complicado decifrar sua mão.

Como adaptar a estratégia?

Em primeiro lugar, sendo agressivo, porém de maneira comedida. A sua propensão a pagar pode deter-se diante de apostas muito altas. Temos que ter em mente tirar todas as suas fichas, ainda que devagar.

Uma boa tática psicológica é alimentar o ego, elogiar algumas das jogadas e fazê-los crer que estão jogando muito bem.

Podemos ser menos seletivos, soltos e até apostar com mãos marginais. Como pagam sempre, há boas possibilidades de que tenhamos vantagem. Todavia, se em vez de pagar, derem raise, é o momento certo para desistir.

Um blefe contra eles será perigosíssimo. Vão pagar quase sempre, e tirá-los da mão será difícil.

Uma mesa com vários loose-passivos é imprevisível, e o azar prepondera. Jogaremos mais, e a maioria das mãos chegará até o showdown, por isso, se necessitarão jogos melhores que o habitual. Como a maioria continuará jogando todas as etapas, há mais probabilidades de que alguém complete um flush ou sequência, ou encontre uma carta milagrosa.

Mas, contra eles, os potes serão maiores, e os lucros compensarão os prejuízos gerados pela aleatoriedade do estilo.

Os loose-agressivos

São quase maníacos, ainda que não cheguem a tal extremo.

Se emocionam facilmente, fazem apostas altas costumeiramente, e são os grandes "contribuintes".

Jogam intuitivamente e acham que o estão fazendo da melhor maneira, com valentia, mas se arriscam mais do que deveriam.

Não leram Shakespeare e, como consequência, não aprenderam o seu ensinamento "as improvisações são melhores quando são preparadas".

Praticam um estilo digno de kamikazes.

São presas fáceis para oponentes disciplinados, mas o seu entusiasmo e agressividade podem ser contagiosos; a chave é jogar de maneira tight e não perder o controle.

Os loose-agressivos não são fáceis de se ler. A sua "gama" de mãos é muito ampla. É preciso enfrentá-los com boas cartas e agressivamente (TAG).

Podem ganhar fichas rapidamente: jogam tanto e tão forte que acabam aumentando o stack. Por sua vez, ninguém perde como eles.

São os que possuem o stack que mais oscila na mesa, outro sinal importante para diagnosticar seu estilo. Ganham e perdem muito.

Costumam ser ansiosos, pouco disciplinados e tão previsíveis, que os bons jogadores não tardarão em adaptar as suas estratégias para explorá-los e para defender-se dos seus ataques.

Contra eles, se recomenda o check-raise, jogar devagar quando tivermos uma excelente mão, e fazer um uso muito seletivo do blefe, especialmente se demonstrarem fraqueza. Normalmente, não são sutis para esconder uma boa mão.

A posição ideal na mesa é estar à esquerda deles, para que atuem antes.

Isso permite, por exemplo, dar um raise com uma boa mão, isolá-lo e aproveitar melhor a fraqueza e o estilo deles.

Normalmente, não conseguimos bons resultados tentando roubar os seus blinds, costumam protegê-los e podem dar reraises perigosos.

Se recomenda cautela. Não se pode deixar levar pelo desejo de ação nem pelo entusiasmo, e esperar os momentos adequados.

É um bom conselho, pagar pré-flop e ser agressivos depois, mas seletivamente.

Isolá-los quando realmente soubermos que será proveitoso.

Um ou vários jogadores assim mudam a dinâmica de uma mesa típica. Têm a fraqueza de jogar com as suas emoções à flor da pele, e contagiam os outros.

A vulnerabilidade que geram provoca duas reações opostas. Alguns se excitam demais diante do tamanho do pote e o ritmo desenfreado, e entram na onda. Nada mais perigoso.

Outros, ao contrário, se assustam e dão fold com uma cautela maior do que a habitual, desperdiçando situações vencedoras.

Somos humanos, e é impossível abstrair-se dessas situações ou jogar automaticamente. A tensão nessas mesas é alta e chega a estressar muitos jogadores.

Se nota um jogo alterado em função das pot odds e, especialmente, das implied pot odds. Tudo é mais imprevisível e, como nas mesas loose-passivas, a quantidade de pessoas no jogo até a última carta, gera maior dependência do azar, mas, nesse caso, com muitas fichas em jogo.

Os maníacos

Enquanto se costuma apelidar assim também os loose-agressivos, há quem os superem em exacerbação, inconsciência e falta de noção.

Muitos deles não são maníacos o tempo todo.

Podem estar sob os efeitos do álcool, excessivamente entusiasmados, buscando ação (sem saber direito o que isso significa), não são jogadores de poker, mas sim, aventureiros, para quem este é um jogo de azar, como a roleta, e quanto mais perdem, mais apostam, para conseguir o milagre da recuperação.

X. Os Estilos de Jogo

Pode ser que alguns comecem a jogar assim por estarem em tilt, logo depois de perder várias vezes, e de se sentirem abatidos, abandonando o estado de alerta. Nada lhes importa e não medem as consequências.

O maníaco joga todas as mãos, aposta quando não deveria, comete loucuras continuamente. Aumentarão e reaumentarão muitas vezes, portanto, devemos ser cuidadosos e seletivos com as mãos que jogamos, uma vez que se enfrentaremos enormes doses de agressividade e irracionalidade. Com boas cartas, o momento é de explorá-los.

A maioria das pessoas crê que ter um jogador maníaco na mesa é uma excelente oportunidade, em função de eles aumentam o pote constantemente. Isso faz sentido, sempre que se puder isolá-los e tirar proveito deles.[47]

Há outros que são maníacos permanentes, por personalidade. Outros são diretamente inconscientes.

Os fishes (jogadores ruins - patos)

As vezes são novatos. Em outras ocasiões, simplesmente jogadores fracos que não souberam absorver a experiência do jogo ou compreender a sua verdadeira dinâmica, ou pessoas inteligentes e bem-sucedidas nas suas atividades, mas que nunca lhes interessou, nem interessará, a essência do jogo, nem aprendê-la.

Finalmente, podem se tratar de sujeitos sem condições mínimas para encarar um jogo mental. Como disse Heráclito, há muito tempo: "stultorum infinitus numerus".[48]

---

47. Mason Malmuth, no seu livro "Poker Essays" (Ensaios de Poker) discorda desta apreciação: "Não creio que o maníaco seja o oponente ideal" diz, e explica os contras de tê-lo na mesa: "O maníaco fará que os seus rivais joguem mais tight. Os jogadores maníacos transmitem certo temor, isso faz com que outros jogadores loose passem a ser tight, o que significa que passam a jogar melhor". Malmuth aponta que inclusive os loose-passivos, os mais fáceis de explorar, jogam mais conservadoramente. O maníaco injeta uma dose de prudência na mesa, a que ele não tem. Mas não é só prudência: ele transmite o temor e nos impede de correr riscos". Finalmente, explica que o maníaco nos faz jogar mal e termina gerando uma perda de controle do jogo. Como conclusão, sustenta que, "o maníaco é um mal jogador. Apesar disso, tornará a mesa muito mais difícil, uma vez que os seus rivais jogarão muito melhor para enfrentá-lo". Damián Salas nos ensina que "o problema de enfrentar um maníaco é que, em algumas ocasiões, teremos mãos muito fortes, e apesar disso, perderemos, nos consumindo uma boa quantidade de fichas. Aqui, é quando temos que estar mais concentrados e ajustados ao nosso jogo, uma vez que a maioria das pessoas, diante dessa situação, passa a modificar os seus padrões de jogo (sendo menos seletivos) e se converte em um belo fish na mesa. Já o dissemos, é o perfil que mais tem facilidade para tiltar os outros jogadores. Devemos tirar proveito disso e não converter-nos em uma das suas vítimas ou de outros sharks (tubarões, bons jogadores). Se não o fizermos, teremos sérias chances de sermos o fish da mesa. O fato de ser paciente e jogar se maneira sólida, não significa que teremos medo, pelo contrário, quando jogarmos contra o maníaco, o faremos com muita determinação e valentia. Sabemos que ele está disposto a jogar um pote grande em todas as mãos, e nós também o estaremos quando nos envolvermos, com o único detalhe que, a grande maioria das vezes, nós teremos a melhor mão. O que deve ficar claro é que, quando jogamos contra um maníaco, devemos ser valentes e não nos deixar dominar por ele, uma vez que, se ele constatar fraqueza em você, aumentará ainda mais a sua agressividade. Quer dizer, ele sempre estará disposto a ir fundo em todas as jogadas, e nós, conscientes disso, também estaremos predispostos, só que a grande maioria das vezes, ele nos encontrará com uma mão melhora do que a dele."

48. O número de idiotas é infinito (frase real).

Quem souber explorar um fish conseguirá grandes ganhos.

Como conseguir? Fazendo constantes aumentos ou slowplay, sempre e quando tivermos uma boa mão para sustentar e impedindo-lhe de ver o bordo de forma barata.

Não costumam dar fold, pagam para ver todo tipo de draws, são ingênuos e estão psicologicamente afetados por se sentirem em desigualdade de condições.

Pensam que sempre estão sendo blefados, e não querem se sentir "o pato da mesa". Pagam e pagam, e a maioria os "digere" sem maiores inconvenientes. Pode ocorrer, inclusive, que sejam agressivos com cartas ruins, e que façam jogadas ridículas. Contra eles o blefe é uma estratégia normalmente inútil (e arriscada).

Os TAG fishes

Os TAG fishes cultivam este estilo, mas raramente são péssimos jogadores. Entram no jogo mais do que deveriam (não são 100% tight, mas não chegam a ser loose), e são desmedidamente agressivos.

O maior problema é justamente essa agressividade em momento incorreto, arriscam quando não deve, e terminam perdendo. Jogam forte, porque entendem que assim deve ser o poker, mas não compreendem exatamente o que estão fazendo.

A princípio, são desconcertantes, porque é difícil se ter uma leitura, até confirmar que não têm um propósito definido e a razão de cada uma de suas ações. Também não sabem ler os seus rivais, e se equivocam bastante.

Em resumo, tentam gerar uma imagem de tight-agressivos, mas não sabem jogar.

Os donks (burro)

É um outro tipo de fish: os excessivamente temerosos. Tem o costume de pensar que todos jogam igual a eles.

O medo os faz dar fold, inclusive, com cartas boas. Cometem o erro de considerar o valor absoluto das suas mãos e não ponderá-las em relação as dos demais, por medo.

Um bom jogador deve levar vantagem ainda que tenha mãos marginais, algo que um fraco jamais poderá fazer.

Um amigo que sabia das suas limitações, se queixava amargamente:

"Justo eu tive que ser eu".

X. Os Estilos de Jogo

Estes tem a "antihabilidade" de cair continuamente no erro de dar fold por medo. Sempre com mãos melhores, típico erro de cálculo ou observação.

Se blefarmos repetidademnte e comprovarmos que funciona, detectaremos facilmente a fraqueza deles. Não são conscientes das suas inaptidões, e confundem cuidado com prudência.

São jogadores muito ruins e, por isso, os chamam pejorativamente de "donkeys" (burros).

O melhor que podemos fazer é cuidar deles, agradá-los e torcer para que voltem.

É um dever ecológico.

C. A previsibilidade

"Gostando ou não, o caráter de um homem na mesa de poker está nu. Se os demais jogadores chegam a conhecê-lo melhor do que ele a se mesmo, ele é o único culpado. A menos que seja capaz e esteja preparado para se conhecer como o fazem os outros, com defeitos e tudo o mais, será um perdedor, tanto nas cartas como na vida" (Anthony Holden[49]).

Jogar sempre da mesma forma implica em dar vantagens. Temos de aprender a praticar estilos diferentes. Isso tem o seu preço e, a princípio, pode gerar incômodo. É um custo que temos que aceitar.

O objetivo é evitar ficarmos fechados, que os rivais consigam deduzir as nossas mãos e nos coloquem em situação de maior fragilidade.

Ser imprevisível é cultivar um estilo flexível, adaptável ao tipo de jogadores e de mesa que enfrentamos.

Contra um imprevisível, o ideal é jogar muito tight e não assumir grandes riscos.

---

49. Nasceu em 1947. É um escritor e crítico inglês, conhecidos sobretudo como biógrafo de artistas como Shakespeare, Tchaikovsky e Sir Laurence Olivier, e dos membros da família real britânica, em particular, o Príncipe Charles. Também publicou traduções de poesia grega antiga e ópera, assim como vários livros autobiográficos sobre poker. Holden passou um ano jogando profissionalmente, enquanto pesquisava para o seu livro "1990 is a Bigger Deal: A Yer Inside the Poker B", que com frequência é descrito como clássico. O livro relata as suas experiências nos torneios da WSOP em 1988 e 89. Em 2009 foi eleito primeiro presidente da IPF. Também é presidente da Federação de Poker do Reino Unido.

XI. A AGRESSIVIDADE

*Seja bom pela tua energia;
nunca pela tua fraqueza.*
Oscar Wilde[50]

A. O conceito

O significado inglês das palavras "agressive/agressiveness" é mais amplo que o do português "agressivo/agressividade", que relaciona a palavra com "violência".

No poker, este termo se difundiu com o significado da palavra em inglês, isto é: a tendência é atuar de maneira decidida e arriscada, ao contrário da passividade, e tem uma conotação positiva, sobretudo no âmbito dos negócios e das carreiras profissionais.

Por isso, quando falamos de "agressividade", estaremos fazendo referência a um estilo de jogo decidido, ativo e arriscado que, no poker atual, é um atributo que todo grande jogador tem, e fundamental para quem o leve a sério.

Phil Gordon[51] afirma que "a agressividade tem um efeito 'mágico' em absolutamente todas as mesas de poker", fazendo com que os rivais reajam (fonte: *Poker, The Real Deal*).

Como em outras áreas da vida, muitas pessoas se incomodam em tomar decisões difíceis, mais ainda se forem obrigadas a isso.

Um estilo de jogo agressivo permite tomar o controle da ação, porque obriga o oponente a pensar, avaliar, adivinhar, preocupar-se e abandonar a comodidade do "piloto" automático ou do poker simples. E se as coisas saírem bem, vão desistir com cartas melhores que as habituais.

Além disso, a agressividade permite saber onde estamos em uma mão. Às vezes pode ser uma forma clara de obter informação, mas é eficaz.

Um jogador que simplesmente, paga um raise, possivelmente terá um draw ou um draw interessante, mas não uma com a qual tenha muita confiança. Um reraise ou um

---

50. É um dos dramaturgos ingleses mais destacados do século XX. Foi uma celebridade de sua época em função da sua vasta e genial obra. Hoje em dia, é lembrado por suas frases inteligentes e peças teatrais.

51. Jogou o seu primeiro campeonato da WSOP no ano de 2001, e terminou em quarto com um prêmio de US$400.000. Teve duas aparições em mesas finais em 2002 antes de ganhar o torneio inaugural da Divisão Profissional do WPT em Aruba. Em 2003, comentava o WSOP Championship Event para a Binion's Live internet Broadcast. Em março de 2004, se converteu na única pessoa a vencer dois jogadores na mesma mão para ganhar o WPT Bay 101 "Shooting Stars". Até pouco tempo atrás apresentava o programa "Celebrity Poker Showdown" e em agosto de 2006 foi o apresentador da retransmissão ao vivo da mesa final da WSOP 2006. Escreveu *Poker The Real Deal* e a sua coleção com os famosos Livro Negro, Verde e Azul.

chek-raise deveria ser interpretado como sinal de força, que implica em uma boa mão ou um grande draw.

A agressividade também possibilita ver cartas comunitárias grátis. Uma boa aposta ou um raise pré-flop, ou até mesmo no flop, nos dará a chance de ver as cartas seguintes e, talvez, completar um jogo muito forte sem custo adicional. De forma correlata, é incorreto facilitar a ação de ver cartas comunitárias quando tivermos boas cartas.

Com a evolução que o poker teve, o estilo agressivo é um dos aspectos relevantes dos vinculados à estratégia de jogo.

No nosso meio, chegou-se a afirmar que "o fator mais importante no Texas hold'em, uma vez que foi dominado o caráter geral do jogo e se tenha uma ideia precisa de quais são as mãos com as quais se deve participar, é ter um foco agressivo". "Nunca se encontrarão jogadores de primeiro nível que se limitem a pagar as apostas de forma sistemática". (fonte Gordó, Silvestris, Moguilner y Prado, em seu livro *Texas Hold'em Poker*).

Resumindo: não jogar agressivamente, hoje, é conceder uma vantagem demasiada. Apesar de ser recomendável, alguns jogadores se limitam demais ou o fazem mal. Essa ferramenta deve ser empregada com prudência em todo momento, ainda que seja paradoxal.

No século XIX, John Churton Collins disse que "a maioria de nossos erros surgem por que quando devemos pensar, sentimos, e quando devemos sentir, pensamos".[52]

Os superagressivos entram facilmente em estado de tilt, por isso, cometem erros, "por excesso de ação": entram em muitas mãos, sobem permanentemente, blefam e quase nunca desistem.

Muitos acreditam que jogam melhor do que na realidade o fazem (o ego os trai). Acham que, com ações diferentes, vão confundir qualquer rival, sem tê-lo avaliado consistentemente.

Se jogamos contra um descontrolado, temos que usar a energia contra ele (como nas artes marciais), mas sem tentar ser mais agressivos que eles. Às vezes se mostrarmos fraquezas quando eles forem agressivos, e vice-versa, podem-se confundir e até assustar.

B. A agressividade como estilo de jogo nos torneios

Nos torneios de hoje, se observa esta clara tendência. Por quê?

Nessa modalidade do jogo, só uns poucos atingem os prêmios e, menos ainda, os maiores. O objetivo é alcançar alguns dos primeiros lugares ou chegar à mesa final.

---
52. Crítico literário inglês.

XI. A Agressividade

Para conseguí-lo, muitos tentam acumular o máximo de fichas possível, sendo agressivos desde o início, como um tipo de ferramentas de trabalho. Não se importam em cair de um torneio nos primeiros níveis de blinds, mesmo que seja em um blefe ruim. Consideram que é um risco que vale a pena correr.

Em função da crescente quantidade de bons rivais, chegar hoje a uma mesa final é uma corrida com obstáculos que existe um sábia combinação de paciência, agressividade, e de aproveitamento das oportunidades. De vez em quando, estas se apresentam por se só e ocasionalmente, e teremos que arriscar uma parte importante de nossas fichas, ainda sem ter a melhor posição em uma mão.

Assumir riscos calculados, no momento apropriado, e contar com a sorte necessária para construir um stack considerável, estabelece vantagens sobre os oponentes com menos fichas. Pode se jogar mais mãos, pagar apostas normalmente e conseguir o poder dissuasivo.

Porém, o jogo sempre continuará sendo perigoso. Em um torneio grande, a liderança muda permanentemente.

Por outro lado, se tivermos poucas fichas, devemos arriscá-las mais vezes diante da possibilidade de ficarmos comprometidos com o pote quando for a nossa vez de ser blind.

Ao aumentar consideravelmente as apostas obrigatórias, os stacks pequenos devem começar a adotar uma postura superagressiva, somente para continuar no jogo.

Muitos começam a apostar todas as fichas (all-in) com frequência e devem ganhar essas mãos para continuar.

Outra das características desse estilo é a imagem que se cria. Quando alguém joga ativamente e tem uma mão muito boa, os rivais podem não acreditar, e então, começarão a pagar as suas apostas.

É bom pensar em alguém que esteja dando reraise (reaumento) frequentemente e ganhando as mãos. Em certo momento, alguns começarão a suspeitar que apostou sem ter nada bom, às vezes isso será cansativo ou se transformará em uma situação incômoda e pensam: "você chegou aqui, mas agora vou te parar!" Essa incredulidade multiplica as possibilidades de ganhar grandes potes quando tiver uma boa "mão legítima".

Obviamente, não devemos confundir agressividade com loucura. Certamente, se um rival colocar todas as suas fichas no centro da mesa, não se pode pagar sem ter possibilidades certas de ganhar. Mas com um bom stack, não se pode ter medo de perder algum pote com um blefe. Poderemos nos recuperar.

Finalmente, os jogadores com menos fichas não podem cometer erros, por que lhes custaria o torneio: "PRESSIONEMOS OS SHORT STACKS", somente pagarão quando tiverem jogo.

XII. A POSIÇÃO À MESA

No poker, como no kamasutra, a posição é um dos ingredientes-chave. Para muitos é o mais relevante.

A. As posições

As mesas tem quantidades diferentes de posições de jogo. Nas mesas completas são nove ou dez, nas mesas shot-handed, seis ou menos e, nos heads-up, duas.

A quantidade de jogadores condiciona e modifica todos os parâmetros estratégicos, mas a qualidade da posição em cada mão propõe vantagens e acarreta limitações e, por conseguinte, tem relação com a criação de táticas bem-sucedidas.

Os comentários que seguem farão referência a mesas completas, nas quais essa colocação é mais notória, mas em alguns casos, as considerações podem ser extrapoladas para mesas menores.

A ordem das posições

As posições são contadas a partir do dealer ou button (botão) e depende da localização que cada um tem em relação a este.

O 1º, a esquerda do dealer, corresponde ao small blind, a seguinte, a 2º, ao big blind, a 3º é o UTG (Under The Gun, sob a mira da arma), denominada assim porque é a mais perigosa, e assim sucessivamente.

As primeiras três ou quatro posições se denominam early positions, as três ou quatro seguintes, middle positions (posições intermediárias) e as três últimas, late positions (posições finais ou últimas).

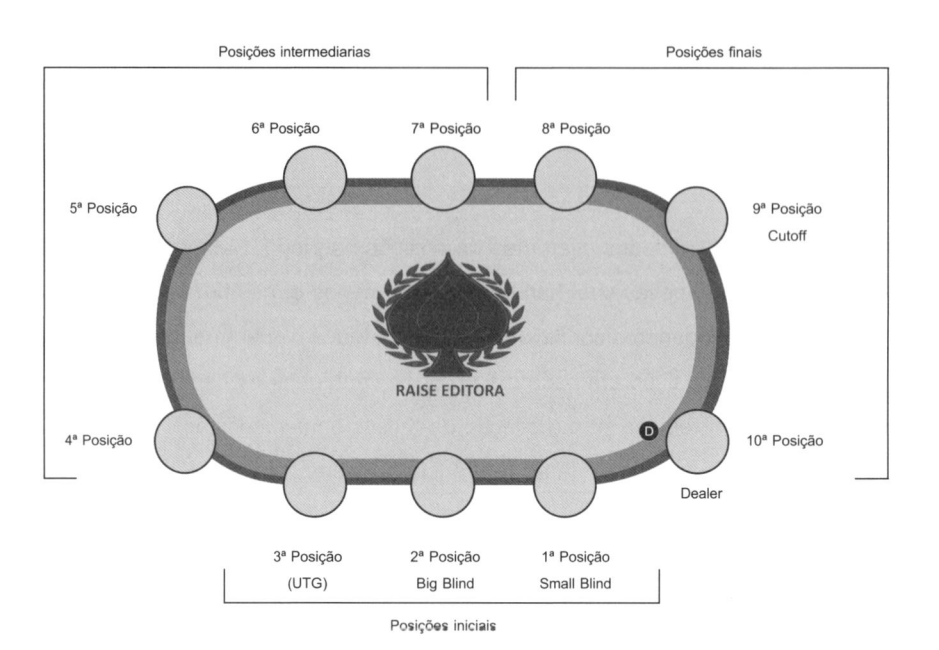

Ilustração 12: Posições em uma mesa completa

```
Posições intermediarias          Posições finais

    6ª Posição  7ª Posição  8ª Posição

5ª Posição                                    9ª Posição
                                              Cutoff

                  RAISE EDITORA

4ª Posição                                    10ª Posição
                                              Dealer

    3ª Posição  2ª Posição  1ª Posição
    (UTG)       Big Blind   Small Blind

         Posições iniciais
```

A penúltima (à direita do botão) também é conhecida como cutoff.

As posições finais tem vantagens estratégicas significativas, as duas principais são: contam com mais informação, considerando que, na sua vez, puderam ver e analisar como atuaram ou reagiram os demais, e jogam e decidem contra menos rivais. Alguns já terão dado fold.

Todos reconhecem, uniformemente, que a posição mais comprometida é a UTG. Vamos analisá-la em particular.

A primeira posição ou small blind (SB)

No pré-flop, coloca a aposta obrigatória e é a penúltima a agir (antes do big blind).

Terá informação das ações de todos os antecessores, salvo dessa, e pode aumentar ou reaumentar as apostas feitas até a sua vez.

XII A Posição na Mesa

Nas etapas restantes, pelo contrário, "falará" primeiro, o que lhe impõe atuar com cautela, pois agora são todos os outros que podem aumentá-lo.

Deve ser restrito com a seleção de mãos para entrar no jogo e, se não estiver disposto a pagar um novo aumento proposto por um jogador posterior, não deveria aumentar.

No pré-flop, é habitual que tente roubar o big blind, especialmente quando entrarem poucos jogadores no pote e nenhum aumentou.

Nessa etapa de apostas, e diante dessas condições, é uma boa posição para fazer semiblefes e blefes.

A segunda posição ou big blind (BB)

Antes de receber as cartas deve colocar o big blind, e é a última posição a "falar" apenas no pré-flop.

Terá informações das jogadas de toda a mesa e, por isso, maior tendência a subir as apostas anteriores, às vezes forte, se houver pucos jogadores, ou se todos apenas pagarem a aposta (limp).

Com essa ação se pretende, principalmente, roubar as fichas dos que pagaram ou preparar o terreno para executar ações táticas diferentes nas etapas seguintes.

Em todas as fases restantes da mão, será a segunda posição a falar (ou a primeira se o small blind desistir), razão pela qual, terá que ser seletivo com as cartas para entrar no jogo, se houve um aumento, e deverá fazê-lo com cautela e variado.

Precisamente, ter boas cartas nessa posição possibilita planejar várias jogadas alternativas e produtivas.

Por exemplo, se ninguém aumentar pré-flop, poderia aumentar, para tirar uma boa quantidade de jogadores da mão (evitando desvalorizar a força da sua mão) e dar mais valor ao pote em disputa.

Se alguém aumentou, pode reaumentar com a mesma finalidade, nas etapas seguintes, se mantiver boas chances ou o bordo o ajudar, poderia ser mais agressivo, apostando primeiro ou com um check-raise (jogada que será melhor analisada nos capítulos respectivos).

A terceira posição ou UTG

É a localizada a esquerda do big blind.

No pré-flop, é a primeira a falar, e todos os oponentes podem dar raise ou reraise sobre as apostas. Portanto, se quiser evitar potes grandes, e a chance de check-raises depois do flop, ou outras jogadas, deverá apenas pagar quando estiver disposto a suportar um raise, isto é, nunca com qualquer mão.

Além disso, não terá informações do restante da mesa, e nas etapas seguintes, também será dos primeiros a falar.

É a posição mais fraca, e por isso, uma aposta feita dali normalmente é respeitada. Se supõe que, com tantos jogadores para falar depois, não correrá o risco de apostar sem "mãos genuínas".

E é por isso que é difícil alguém dar reraise contra essa posição. Se o fizerem, se presume que tenham cartas muito boas ou muita coragem.

Então, para quem é audacioso, é uma boa posição para tentar roubar ou blefar. Em geral, nos darão mais crédito do que em outras posições.

Gus Hansen disse: "tratar de ganhar o pote fora de posição pode ser muito lucrativo. Nos torneios darei raise de abertura fora de posição com muita frequência, porque creio que é uma jogada que dá muito poder, por ser o primeiro a atacar. Levo muitos potes pequenos com essas jogadas".

Naturalmente, essa jogada deve ser seletiva, considerando que a insistência em fazê-la a tornaria previsível e muito perigosa.

As posições intermediárias

Nessas posições (4ª, 5ª, 6ª e 7ª) a estratégia deve adequar-se a quantidade de oponentes que permaneceram no jogo, e como ficamos posicionados em relação a eles; saberemos disso depois da primeira rodada de apostas.

Habitualmente, a posição será intermediária mas, de acordo com quem desiste da mão, poderemos ficar melhor ou pior localizados. A informação será parcial, o que aconselha uma dose de prudência.

Se os jogadores das primeiras posições deram fold, ficamos mal posicionados e, no caso de terem apostado, deveríamos pagar apenas com boas mãos.

Também são posições adequadas para o blefe; sempre haverá adversários com mãos fracas. Claro que, nunca é demais dizer, que vale a pena variar o jogo.

Nosso conselho: sem mãos boas, é melhor esperar um momento mais conveniente.

As posições finais

As 8ª, 9ª e 10ª são as posições mais vantajosas. A 9ª é o cutoff e a 10ª.a o dealer ou button.

Exceto no pré-flop, quando os blinds estão habilitadas a dar raise ou dar reraise sobre as apostas depois que as últimas posições jogarem, nas rodadas restantes poderão falar depois dos outros.

No pré-flop, são as melhores posições para "roubar os blinds". Quanto mais perto do dealer, melhor, sempre e quando não tivermos apostas prévias. Levamos em conta que ambos os blinds e o UTG devem contar com boas cartas para pagar um raise (e, em parte, também as posições intermediárias).

Nas etapas futuras, segundo a atuação do restante dos jogadores, teremos mais elementos para decidir as jogadas.

A partir do button, e se nenhum ou poucos jogadores anteriores pagaram, é habitual aumentar com qualquer "mão razoável", para roubar os blinds, reduzir o número de jogadores, ou dar valor ao pote.

Se as cartas comunitárias ajudarem, as condições são perfeitas para aumentar o pote e ganhá-lo. Se não, teremos que ver se elas combinam ou não com as do nosso rival, a fim de que uma "aposta de continuação" proporcione puxar as fichas ou conseguir boa informação.

Nessas posições, é bom ser mais agressivo, e se amplia a gama de mãos para jogar.

B. O valor estratégico da posição na mesa

Quanto mais tarde agirmos em uma mão, haverá mais informação, aumentará o número de mãos jogáveis, e ao mesmo tempo, se reduzirá as dos oponentes, permitirá controlar melhor o pote, se correrá menos riscos com os blefes e a maior incerteza e passividade daqueles localizados nas primeiras posições facilita desenvolver um jogo bem-sucedido.

Poderá se ganhar mais mãos e maximizar o seu valor. Daí a sua importância. É conhecido o caso de Anette Obrestad[53] que ganhou um torneio online jogando permanentemente com as cartas cobertas (exceto uma mão para averiguar se pagava um all-in), como treinamento para provar o valor estratégico da posição.

Doyle Brunson disse uma vez: "se pudesse jogar de uma boa posição durante toda a sessão, ganharia em qualquer jogo, sem necessidade de ver minhas cartas".

A afirmação pode parecer exagerada, mas fornece uma ideia da importância que se dá à posição.

Como em cada sessão estaremos também nas más posições, o mais inteligente, nessas circunstâncias, é entrar no jogo em menos oportunidades: menos riscos e menos complicações são diretamente proporcionais ao crescimento do stack.

Os benefícios da posição serão constatados segundo o aproveitamento dela. De nada vale ser o button, se não utilizamos a vantagem. Pelo contrário. As cartas ruins podem converter-se em boas, a partir de iniciativas controladas.

Vejamos um exemplo: vamos supor que estejamos no big blind de $10, e a nossa mão é 10♠J♠.

Dois ou três jogadores pagam, o botão sobe para $40, e o small blind dá fold.

É nossa vez e devemos decidir o que fazer. As nossas cartas não são premium mas são interessantes, estão conectadas e são do mesmo naipe. Temos chance de sequência, flush e um valor considerável.

Além disso, é comum que nessa posição se faça o raise (para roubar), e por isso, decidimos pagar. Na próxima etapa, teremos a pior posição, sendo o primeiro a falar.

Se o flop for totalmente favorável, apostaremos ou daremos check-raise, pode ser considerado até um check-call (passar a vez e pagar a aposta do oponente), para continuar agregando valor ao pote.

Mas, se não acertamos o flop, que atitude tomar? Aqui é onde surgem as variantes da estratégia.

---

53. Nasceu em 1988 na Noruega. É a pessoa mais jovem a ganhar um bracelete da WSOP e em 2007 foi colocada entre os melhores jogadores de torneio online do mundo. Começou a sua carreira pela internet com apenas 15 anos (NT: O que não é permitido) com o Nick : Anette _15. Entre setembro de 2006 e fevereiro de 2007, ganhou mais de US$1 milhão. Em 2007 ganhou o evento principal de inauguração da WSOP Europa, com um prêmio de US$ 2 milhões. Desde 2008, os seus ganhos totais em torneios excedem os US$2.5 milhões. Obrestad ocupa o primeiro lugar na lista dos jogadores noruegueses que mais dinheiro ganharam em todos os tempos, à frente de Thor Hansen, segundo vimos no site thehendonmob.com.

XII A Posição na Mesa

Se dermos check, o que faria a maioria, damos o controle do jogo a quem estiver no button; se ele apostar, deveremos dar fold, irremediavelmente, ainda que o adversário possa não ter cartas boas.

Por outro, se tomamos a iniciativa e apostamos, invertemos as vantagens da posição e é ele, agora, quem deve decidir. Se não acertou o flop (sempre o mais provável) ou não tiver um par alto na mão, dará fold.

É claro que esta aposta contém risco. Se o seu primeiro raise foi genuíno ou se acertou o flop, teremos perdido mais fichas do que com um simples check.

A decisão de fazê-lo ou não dependerá, entre outras condições, da textura do flop. Se este trouxer cartas altas, será mais perigoso e, se forem baixas e não conectadas, menos.

Teremos oportunidade de analisar jogadas e níveis de apostas. Por agora, destacamos de que maneira uma ação ofensiva pode reverter as desvantagens de posição.

Como consequência adicional, essa jogada pode nos dar "cartas grátis" e mais informação. Vejamos. No exemplo anterior, se depois de ver o flop nenhum dos dois tiver em bom jogo e dermos check, se presume que a nossa verdadeira ação poderia ser um check-raise e, provavelmente, ganharíamos a mão. E mostrará ainda mais força. Não há como o button se defender, então este preferirá não arriscar.

O check dele nos revela, adicionalmente, que não tem jogo pois, do contrário, faria uma aposta pelo valor, e não nos deixaria ver a quarta carta grátis.

Outro exemplo de modificação das vantagens posicionais, são explicadas por Aronld Snyder [54]. "Se estiver no big blind, e alguém aumentar de posição final, pague. Quase sempre é um raise posicional, que não quer dizer que o vilão tenha um bom jogo. Quando vir o flop, aposte, sem se importar com as cartas que você tenha".

Esse blefe não poderá ser feito contra qualquer jogador ou em todas as vezes que houver raise do button. O ideal é permitir que se roubem o seu blind algumas vezes, quando não tiver uma mão "jogável".

---

54. É um destacado jogador profissional e também estudioso de jogos de azar. Se destaca principalmente no Blackjack (21) e foi o primeiro a publicar a importância da contagem de cartas (Formula Blackjack). Desde 1981 edita o Blackjack Forum, uma publicação trimestral para os jogadores profissionais, e atualmente tem sua página na internet. Em 2006, o seu livro The Poker Tournament Formula proporcionou uma análise matemática da melhor estratégia para torneios multimesas com níveis de blinds menores do que uma hora.

O que se propõe é fazê-lo crer que você só paga com boas mãos, e que não pense que quer defender os blinds.

Não se pode ter medo de todo raise dessa posição, dificilmente representará uma boa mão. Se não acertar um bom par, ou algo melhor no flop, dará fold.

Inclusive, pode ter feito o raise com Q♥Q♦, mas se no flop tiver um A♠ ou um K♣ e você apostar, ao invés de dar check, o pote dificilmente não será seu.

O mais interessante desse blefe é que poderá impedir que te roubem futuros blinds (você terá um precedente).

A rentabilidade da jogada se deve a que ele só roubará o seu blind, mas no seu "contra-ataque", poderá levar o seu blind e mais o seu raise (fonte. "Poker Tournament Formula").

Jogar fora de posição diminui a força, e uma mão fraca piora ainda mais, enquanto que em posição, se fortalece.

Tomar a iniciativa pode modificar essa vantagem. Terá que medir bem as circunstâncias nas quais convém apostar fora de posição, e em quais esperar a oportunidade adequada.

Suponhamos outra situação, a que propõe Phil Gordon "Quando alguém aumenta e todos dão fold, descobri que, estando em posição final, é lucrativo pagar com uma ampla variedade de mãos. Quero que o meu oponente se sinta mal.

Quando faço essa jogada, é mais provável que pague com 8♥6♥ do que com A♠6♥. Pagar com A♠6♥ não é lucrativo. O que ficará demonstrado se acertamos o maior par do bordo, mas o kicker for baixo contra o do meu oponente.

Por outro lado, é razoável pensar que ele não tenha 8♥6♥ e, salvo que ele tenha um par mais alto que o meu 8♥, estou em boa situação. Três boas possibilidades podem me acontecer nessa situação.

- **O meu oponente pode não acertar o flop, dar check e, quando eu apostar, ganho a mão.**
- **Posso acertar um bom flop e fazer com que as minhas possibilidades cresçam.**
- **Uma a cada 30 oportunidades, posso completar dois pares ou algo melhor no flop".**

(Fonte "Little Green Book").

Online, há uma boa ferramenta para controlar o quão bem ou mal estamos jogando do ponto de vista estratégico (e, nisso, a posição é um elemento preponderante).

É uma estatística que nos dá o software das salas: a média de "mãos vencidas sem showdown"; nas quais não precisamos mostrar as cartas para ganhar (ver detalhes no capítulo de poker online).

Esse número mostra quantas vezes ganhamos por apostar bem, e não por ter o melhor jogo. Quanto ganhamos com uma boa estratégia e por nos adaptar às condições posicionais, e não pelo valor de nossas cartas.

Tudo o que dissemos é meramente introdutório e um exemplo da importância do jogo em posição.

Este é um dos tantos parâmetros para levar em consideração mas, é um dos mais relevantes, como vimos.

XIII. O Bankroll e o Stack

Há várias formas de perder uma fortuna. Uma é gastando com mulheres, é a mais excitante; outra jogando intuitivamente, é a mais emocionante; a terceira estudando poker, é a mais rápida.

A. O poker e o dinheiro

O dinheiro destinado ao poker (bankroll) é o objeto da afeição de alguns jogadores e, especialmente das esposas ou parentes.

Porém, a intranquilidade se justificaria no caso inverso; isto é, se o jogador não tiver dinheiro, se não separar esse dinheiro dinheiro (entre despesas da casa, etc.), gerando confusão, provavelmente ele também é confuso.

Uma segunda preocupação surge quando esse valor não condiz com o nível de jogo.

Ambas as situações são perigosas e o "confessionário" está cheio de histórias tristes.

"Na vida gastei muito com mulheres, em bebidas e no poker. O resto disperdicei" (George Best)[55].

Como consequência, antes de começar a praticar o poker, se deve separar a quantia apropriada e colocá-la em jogo. Se perdemos, o melhor é voltar somente quando recompusermos o estado financeiro e motivacional.

Na nossa percepção, o valor do bankroll deve ser o que estamos dispostos a investir para jogar durante um ano.

Se perdemos o dinheiro separado, é melhor parar até conseguir separar mais, ou então podemos buscar outra alternativa de financiamento. Uma pode ser sugerida pelo bom e velho Homer Simpson "Nada de pânico! Recuperarei o dinheiro vendendo um de meus fígados".

Esse valor será o que determinará os limites que vamos jogar, seja em cash games ou torneios. Nunca os limites determinarão quanto dinheiro investiremos.

---

55. "Gastei muito dinheiro com mulheres, bebidas e carros de corrida, o resto simplesmente desperdicei". Essa é sua verdadeira frase, resume a sua vida. Nasceu em Belfast, em 1946, é tido por muitos como o melhor jogador de futebol que as ilhas britânicas revelaram ao mundo em toda a sua história. É lembrado por sua passagem pelo Manchester United FC, onde jogou entre 1963-74. Um jogador que tão logo atingiu o auge, caiu. Na sua figura, ficaram representados todos os paradigmas daquela época: excessos, turbulências e loucura. Faleceu de cirrose hepática em 2005.

Jogar "dentro do bankroll" estabelece os parâmetros para manter-se em um nível que permita jogar com comodidade, ainda que, em algumas sessões, o resultado seja negativo.

O stack (fichas em jogo, cacife) é um conceito relacionado com o bankroll: é o total de fichas que cada jogador tem à sua frente, sobre a mesa; as únicas que pode utilizar para fazer as suas apostas, e perdê-las implica em ficar fora de um torneio ou a necessidade de recompra, em um cash game.

Nos torneios, o stack inicial é formado por um valor já determinado, e que é igual para todos os participantes.

Nos cash games há duas somas fixas predeterminadas: um stack mínimo exigido para se sentar e jogar, e um máximo com o qual se pode iniciar. Estes têm relação direta com o valor dos blinds estipulados em cada mesa.

Enquanto se joga, pode se ultrapassar o stack máximo com os ganhos na mesa, mas se você recomprar, nunca poderá exceder esse valor.

Em muitas salas/cassinos do mundo, a partir de blinds de US$5-US$10, só é exigido um cacife mínimo, e não há limite máximo para entrar.

Nesse capítulo, examinaremos algumas questões fundamentais vinculadas com a gestão desses temas, e aprofundaremos os aspectos mais sutis da relação existente entre eles, com as estratégias e com os estilos de jogo.

B. O bankroll

Pode ser que sejamos repetitivos mas, USEM BEM O BANKROLL.

Se o objetivo fosse colocá-lo na mesa de uma vez, pretendendo ganhar dinheiro rapidamente, teremos preocupações alheias ao jogo, sobretudo se ainda estivermos em período de aprendizado.

É primordial ver as fichas como o que elas são: apenas fichas.

Se as percebemos como dinheiro para comer ou pagar o aluguel, ou pior, a algum agiota, jamais jogaremos com tranquilidade. É importante ter a segurança de que "quem joga por necessidade, perde por obrigação".

Se o valor do jogo não nos gerar preocupação, é provável que paguemos uma jogada difícil, em vez de abandonar uma mão boa, e as decisões serão mais naturais.

O bankroll para cash games

Nenhum conselho é infalível. Há tantas situações diferentes como pessoas, e este jogo tem muitas variantes, mas há princípios gerais sobre os quais todos os especialistas estão de acordo.

Por exemplo, em cash games, se sugere começar com uma média de cerca de 2.000 big blinds para o nível escolhido. Por quê?

Como o aconselhável é sentar-se para jogar com stacks de aproximadamente 50 ou 100 big blinds, no pior dos casos, perdendo tudo em uma sessão, teríamos mais 30 oportunidades para recuperá-lo.

Também se aconselha esse número porque, se em algum momento, decidirmos subir de limite, temos que suportar a má fase sem ficar fora do jogo.

Um indicador: se perdermos 10 big blinds em um só pote, e isso nos afetar, o mais provável é que estejamos em um jogo de nível maior do que deveríamos.

Essa é uma linha de pensamento bastante generalizada, nós nos inclinamos por um bankroll de pelo menos 20 cacifes, cifra que se eleva a pelo menos entre 30 e 50 se o jogo for online, em função da possibilidade de jogar várias mesas ao mesmo tempo, e pela alta agressividade do jogo atual.

Sempre se pode baixar de limite, não se deve achar que tudo está perdido. É um grave erro tentar reconstruir o bankroll em um nível superior para tentar recuperá-lo mais rápido. Não há dúvida: SE PERDE MAIS RÁPIDO.

No processo de aprendizado, essa base parece adequada. Ainda que seja bom subir de nível, é melhor fazê-lo com lentidão, jogando mais nos limites nos quais estejamos confortáveis, quando tivermos êxito, e acreditarmos que estamos prontos para desafios maiores.

O temperamento, a idade e a situação econômica também influem na escolha do nível. Devemos ser conscientes e sinceros conosco para estabelecer quanto queremos e quanto podemos administrar realmente.

Aqueles mais centrados não terão maiores inconvenientes e se divertirão. Aos inconscientes e incontroláveis, pode acontecer-lhes qualquer coisa.

A idade é um aspecto interessante e recente, uma vez que, nos últimos tempos, o acesso de jovens e muito jovens é chamativo.

Isso foi abordado por Aaron Davis e Tri Nguyen[56] que recomendam a regra dos 30 buy-ins, sem importar o limite no qual esteja, e baixar se perderem 5 buy-ins nesse nível.

Também sugerem "jogar no máximo 4 mesas simultâneas, para poder se concentrar mais no jogo dos rivais e no próprio. Mas não tentar subir o quanto antes, por que os lucros não necessariamente são proporcionais ao nível de jogo". (Fonte *The Poker Blueprint*).

Autores dividem os bankrolls em três categorias: pequeno, médio e grande.

Para os principiantes, de bankroll pequeno, a relação de ¼ ou 1/3 do que investem volta em lucro mensal, um médio volta na íntegra e um grande supera o investido.

No orçamento de jogadores avançados, esses valores deveriam ser multiplicados por 2 ou 3.

Reiteramos, cada um sabe o que é melhor para si, e deve ser sensato e consciente para decidi-lo.

Um bankroll pequeno permite assumir maiores riscos, em função da sua recomposição ser menos difícil. À medida que se aumenta, isso se dificulta. De todas as maneiras, deve-se ter em conta que estes conselhos apontam para o desenvolvimenteo de estratégias gerais de gestão dos recursos, para as diversas personalidades e jogos, mas não podem evitar erros nesse controle.

O bankroll para torneios

Para quem quiser viver jogando torneios, Marcel Luske[57] recomenda dispor de pelo menos cem vezes o valor do buy-in escolhido (fonte: *Poker Wizards*). Segundo a sua opinião, se participamos de competições de $1.000, deveríamos ter um bankroll mínimo de $100.000.

O que se justifica pelo fato de que teremos fases boas, mas também fases ruins, e estas são as que podem nos deixar fora do jogo.

Além disso, jogar torneios permanentemente envolve outros gastos adicionais como traslados, alojamento, alimentação, etc, e é maior o tempo que se necessita para ganhar e recuperar, em função da menor frequência com que se consegue lucro nessa modalidade.

---

56. Destacados autores de livros e artigos sobre poker.
57. Conhecido como "the flying dutchman" (o holandês voador), é o líder da lista dos jogadores holandeses que mais dinheiro ganharam em torneios, e um dos mais respeitados. É reconhecido por sua inteligência e sobretudo pelo seu cavalheirismo. Participou do European Poker Tour desde o início e terminou na zona de premiação na 1ª temporada em Copenhague. O melhor resultado foi na Grande Final de Monte Carlo na 2ª temporada, onde terminou na 7ª posição. Ganhou muitos outros torneios, dinheiro e o título de Jogador Europeu dos anos de 2002 e 2004.

Mesmo os melhores jogadores podem passar por períodos prolongados de "seca" e durante essas temporadas, gastarão muito dinheiro.

O controle do bankroll

O controle do bankroll é a qualidade necessária para mantê-lo. Deve se tomar decisões permanentemente, e se requer rigor.

"Implica, entre outras coisas, em não fazer essa 'última aposta' para multiplicar o lucro, acreditando que esta é segura, nem um grande blefe para ganharmos o último pote. Implica em levantarmos da mesa tendo ganhado algum dinheiro, registrar quando jogamos o suficiente no dia ou se não estamos muito bem para continuar, conhecer nossos limites, saber quando assumir riscos calculados e quando abandonar, reconhecer quando estamos incomodados com o ritmo da mesa (nível de apostas), e sentir quando não estamos nos divertindo. As mesas continuarão no mesmo lugar no dia seguinte. Sem disciplina e um controle adequado, o nosso dinheiro não estará ali" (A.Snyder).

O controle do bankroll deve ser planeajado diariamente. O importante é não apostar mais do que podemos nos dar ao luxo de perder.

Chris Ferguson conta a seguinte história pessoal:

> "Sempre gostei de jogar online e, ainda que muita gente não o entenda, a princípio não joguei com dinheiro real. Lá por 2000, decidi arriscar-me com base no meu amor pelo poker. Coloquei US$1 em um site com a ideia de convertê-lo em 20.000 sem quebrar.
>
> Comecei nos jogos mais baixos, de acordo com o meu cacife de US$1. Fazia um buy-in de 10 centavos nos jogos de 1-2 centavos. Quando chegava a ganhar 20, me retirava, porque não podia me dar ao luxo de arriscar o meu ganho, e logo entrava em outro jogo de 10 centavos. Minha meta era clara, nunca jogar por mais de 5% do meu bankroll. Se tivesse 10% em uma mesa, me retirava, assumia o lucro e logo fazia uma compra de 10 centavos em outra.
>
> Lentamente, fui subindo de nível. Mesmo assim joguei con límites de 1–2 centavos durante muito tempo.
>
> Finalmente, comecei a jogar 5-10 centavos, logo 25-50c e então US$1-2, até finalmente chegar a US$10-25.

> *Me levou muito tempo subir de US$10-25 a US$25-50, que era o maior jogo disponível, considerando que, seguindo os meus próprios cálculos, necessitava US$10.000 para esses jogos.*
>
> *O mais difícil foi tentar 3 ou 4 vezes nos limites altos. Conseguia um bankroll de US$10.000, então fazia o buy-in, e perdia.*
>
> *Consequentemente, devia voltar ao US$10-25 até gerar a mesma quantia novamente, então voltava a tentar os limites altos e perdia novamente.*
>
> *Como resultado, 4 ou 5 vezes tive que baixar de nível.*
>
> *Quando você jogar poker, atravessará más e boas fases. Mas se perder a metade do seu bankroll, baixe de nível.*
>
> *Sei que é difícil de fazer, mas é o desafio que coloquei para mim, uma vez que não queria arruinar o bankroll.*
>
> *Não importa o quão bom você seja, vai atravessar fases perdedoras e terá que baixar o nível de jogo, para construir a sua equidade novamente"*

Finalmente, agregamos outro ponto de vista, o de Damián Salas, um jogador argentino bem-sucedido no poker online.

Em uma conversa de questões estratégicas sobre o controle adequado, nos deu uma boa dica: "nunca arrisco mais de 2% do meu bankroll em um pote".

Pode parecer extremo, mas temos que concordar com essa conduta (somada à sua habilidade) considerando que esta o permitiu ganhar muito dinheiro sem muitos sobressaltos, lidando com a variância negativa, baixando de nível nas vezes que perdeu, e retomando o caminho quando se recompôs.

C. O stack (cacife)

Como esse termo tem mais de um significado, nessa oportunidade vamos nos referir a ele como "a quantidade total de fichas" com as quais estamos jogando; o que temos sobre a mesa.

Nos cash games, o objetivo é ganhar todas as fichas possíveis, mas não há que se ter pressa. Não serve de nada acumular momentaneamente o maior stack da mesa, se não sabermos como aproveitá-lo da melhor maneira.

O poker é uma corrida de regularidade, não de velocidade. Se formos muito rápido, um choque pode ser mortal.

O tamanho do stack

A importância do tamanho do stack se relaciona com as vantagens e desvantagens conseguidas em função do desenho estratégico do jogo e pelos riscos que se assumem.

Grandes riscos são proporcionais a possíveis ganhos melhores. Tudo, no poker, é um jogo de pesos e contrapesos.

O mais interessante é a profusão de opiniões existentes a respeito, e quantos jogadores muitas vezes divergem da maioria.

Vejamos:

Os short stacks

Alguns grandes jogadores defendem uma posição conservadora.

Privilegiam não assumir demasiados riscos, especialmente nos torneios, nos quais um erro ou algumas mãos azaradas nos deixam de fora.

Contudo, ficaremos com poucas fichas em mais oportunidades, e a tática deverá variar.

A situação é diferente nos cash games, uma vez que decidimos voluntariamente o valor a jogar, e que pode ser aumentado a qualquer momento.

Por isso, se diferenciam as suas virtudes segundo o tipo de modalidade.

a) os short stacks nos cash games

Até que adquiram maior experiência, os novatos deveriam fazer um buy-in mínimo. Reduzirá o valor das potenciais perdas e sempre haverá possibilidade de comprar mais.

Há quem prefira começar com poucas fichas, sustentam que se deve ser seletivo para entrar no jogo, já desde o pré-flop, e esperar as boas mãos.

Quando se adquire certa segurança, é o momento de ser mais agressivo. Com um stack pequeno, os rivais poderão ficar propensos a pagar em mais oportunidades, seja para acertar draws, ou pela crença de poder ganhar, ainda que sem grandes cartas.

Um raise depois do flop, condiciona o valor das possíveis apostas futuras, as que se encontram reduzidas pela quantidade de fichas em jogo e pela quantia do stack.

Jogar com um cacife pequeno, obriga a ser mais seletivo para participar. Então, quando apostamos, damos a imagem de ter uma boa mão, e limitamos a propensão a aceitá-las.

Finalmente, com audácia suficiente e uma boa leitura da situação, se pode roubar alguns potes sem colocar grandes valores em jogo .

A estratégia do short stack é interessante para os principiantes, ainda que muitos especialistas a pratiquem.

Uma das táticas é pagar o mínimo obrigatório para começar (normalmente na casa dos 20 big blinds), jogar só mãos premium agressivamente, colocar todas as fichas no pré-flop (ou imediatamente após ver o flop, se este o favorecer) e tratar de dobrar rapidamente.

Ao se jogar pela internet, conseguido esse objetivo muitos abandonam a mesa automaticamente, "guardam" os ganhos, e repetem em outra mesa, e assim sucessivamente.

Além disso, os short stacks limitam ou impossibilitam aos rivais alguns recursos e jogadas.

Por exemplo, não podem blefar tanto, porque o seu efeito "intimidatório" está reduzido pelo pequeno stack do oponente.

Segundo Gus Hansen: "ao jogar contra stacks pequenos, temos que considerar que estes só tem uma jogada para fazer: entrar de all-in. E nunca temos que deixá-los 'na boa'. Não se trata de pagar por pagar".

Nesses casos, há três fatores para se levar em conta: as nossas cartas, as pot odds e a força da mão do rival.

Combinando as três, devemos decidir se as chances de ganhar são mais altas que as pot odds. Se assim for, tem que pagar o all-in.

Mas, ainda que os três fatores sejam importantes, sempre devemos ter consciência que uma leitura precisa das cartas do oponente é difícil de fazer, especialmente antes do flop. De maneira análoga, também não saberemos quão boa é a nossa mão.

Podemos finalizar com os quatro conselhos de Gus para enfrentar esses perigosos all-ins:

1. Jogar segundo as odds do pote (probabilidades do pote).
2. No lugar de raises sem fundamento, analisar a situação e escolher o que fazer.
3. Estar atento aos contra-ataques que os rivais podem fazer.
4. Não repetir os raises, ou usar padrões. Use a imaginação. (Fonte "Todas as Mãos Reveladas").

b) Os short stacks nos torneios

É muito provável que, em algum momento de um torneio, fiquemos com poucas fichas.

Essa medida se determina em relação a média geral ou em relação aos stacks da nossa mesa, em particular. O importante é aprender a controlá-lo, não se render e poder reverter a situação.

Existem conceitos estratégicos que podem ajudar na retomada do bom caminho, levando em conta que apostas fazer e em que contexto.

Nessa situação, se joga para recompor, roubando blinds e *ante*, tratando de não lutar pelo pote.

Como com qualquer aumento que efetuamos, deveríamos estar dispostos a suportar um novo aumento; o melhor para evitar isso é entrar de all-in. Claro que devemos ser seletivos na escolha do momento indicado.

Também não se deve abusar, por que como os outros sabem que a alternatvia de jogo é quase unicamente esta, estarão nos esperando em mais de uma oportunidade.

Em primeiro plano, temos que valorizar a posição. Estando nas últimas posições, alguns já terão abandonado a mão e, quanto menos jogadores houver, mais oportunidades para roubar os blinds.

Em segundo lugar, devem se apreciar as nossas cartas: temos que ter alguma defesa para o caso de alguém pagar o all-in, nesse caso, frequentemente estaremos jogando contra ases ou reis, com kickers altos ou, o que seria mais complicado, contra pares altos; por isso é preferível entrar de all-in quando tiveremos qualquer par na mão ou 10♣9♣ ou J♥Q♥ do que o fazer, por exemplo, com um A♦ com kicker mediano ou baixo.

A gama de mãos com cartas conectadas ou do mesmo naipe e pares nos dá mais chance de sobreviver.

Se na mesa estiverem jogadores loose ou com grandes stacks, é importante ter paciência, esperar cartas razoavelmente boas e vê-los como uma oportunidade para dobrar; eles procurarão qualquer desculpa para pagar e tentar eliminá-lo.

Finalmente, também estaremos afetados pela quantidade de fichas dos nossos rivais.

É preferível tentar roubar os blinds daqueles que estão mais comprometidos, uma vez que estarão menos propensos a arriscar todas as fichas ou boa parte das suas chances de sobrevivência.

Os big stacks

A maior vantagem que se atribui aos grandes stacks é o seu poder de intimidação. Qualquer jogada contra eles determinará muitas fichas em disputa e, se quem as possuir for agressivo, vão "atirar fichas no nosso peito" para ganhar a mão.

Claro que esse poder de fogo está condicionado à quantidade de fichas que tenham os oponentes. Por isso os big stacks são mais efetivos contra stacks grandes ou médios do que contra os pequenos.

Outra vantagem: têm mais possibilidades de entrar no jogo e de ver as cartas comunitárias. Tem "energia" para isso. Se o flop os favorecer, estarão em ótimas condições para fazer valer o seu jogo e o seu poderio econômico.

Os big stacks serão menos vezes alvo de raises, por temor. E quando isso acontecer, segundo as diversas circunstâncias do jogo, terão elementos para pensar que quem o faça tem uma mão legítima.

Normalmente, quando quem tem muitas fichas dá raises-padrão, não espera que paguem. Sabe que é temido, sendo assim, é mais simples roubar blinds ou potes.

a) Os big stacks nos torneios

Possuir um grande stack em um torneio é enormemente estimulante. Ver na nossa frente uma bela quantidade de fichas que não podemos nem contar, dá uma sensação de poder e de prazer inigualáveis, e oferece também um grande variedade de caminhos estratégicos.

A agressividade é uma delas, mas, cuidado, o descontrole pode nos afundar. Essa força serve para amedrontar, mas também é importante proteger as fichas.

Daniel Negreanu sugere quatro estratégias:

1. Atacar os stacks pequenos.

Esses rivais tem poucas opções. Devem esperar uma mão boa e entrar de all-in. Enquanto isso, vamos assustá-los, uma vez que, ainda que possam enfrentar-nos, o dano será pequeno. Quando estes short stacks estão nos blinds, devemos ser agressivos e dar raise com uma grande quantidade de mãos. Não importa tanto que cartas tenhamos; quem precisa delas é o nosso oponente.

2. Evitar se enfrentar con os grandes stacks.

Deve-se evitar sempre envolver-se na luta por um pote contra um big stack (salvo com cartas excelentes). Deveríamos enfrentar somente aqueles que não possam causar-nos tanto prejuízo.

3. Não jogar potes grandes.

Uma boa forma de proteção é não jogar potes grandes estando em situações marginais. A meta deve ser aumentar o stack, evitando grandes riscos. Quando não estivermos seguros de ter a melhor mão, é melhor jogar com cautela.

4. Ser criativos.

Um luxo que podemos nos dar com um grande stack é sermos criativos. Usemos todos os recursos que tenhamos, como preparar armadilhas, fazer slowplay, blefar, fazer um semiblefe (fonte "Holdem Wisdom for All Players").

XIV. As Apostas Obrigatórias

A vida é cheia de obrigações que a gente cumpre por mais vontade que tenha de as infringir deslavadamente.
Machado de Assis[58]

A. Os blinds e o *ante*

Os blinds e o *ante* são as únicas apostas obrigatórias de cada mão, e devem ser postadas antes da distribuição das cartas individuais. Todas as modalidades do jogo – cash games, torneios ou sit & go – impõe blinds previamente estabelecidos. Por outro lado, o *ante* pode não estar previsto.

Em todos os casos, o valor do small blind é a metade do big blind. Nos cash games, o seu valor se mantém imutável e determina o nível de apostas da mesa e dos valores mínimos e máximos dos stacks de entrada.

Nos torneios, ao contrário, aumentam a cada intervalo de tempo estipulado; é o que se conhece como níveis de blind ou estrutura de blinds.

Estas apostas são como o preço mínimo para jogar uma mão, por essa razão, quando alguém entrar em uma partida de cash em andamento, não recebe cartas até que poste o valor do big blind. Para isso, há duas opções: pagá-la fora da vez, somando-se as que os jogadores colocaram obrigatoriamente, ou esperar que a volta se complete e chegue a sua vez.

O big blind é uma aposta completa; isto é, o mínimo que se deve apostar para participar de uma mão. Quem a colocou é o único que, no pré-flop, pode dar mesa (passar a vez), os demais jogadores devem pagar (call), dar fold ou podem dar o raise.

Só na etapa do pré-flop, quem estiver no big blind é o último a falar e, portanto, a decidir que ação executar. Se alguém aumentou, pagará ou efetuará novo aumento, do contrário deve abandonar a mão.

---
58. O Mago do Cosme Velho. Um dos maiores escritores brasileiros.

Nos torneios, as apostas obrigatórias têm importância, especialmente nas etapas avançadas, nas quais têm valores elevados em relação aos stacks, e se convertem em um dos fatores mais influentes do planejmaneto estratégico.

Vejamos algumas questões mais específicas em relação a este tema.

A estrátegia nos blinds

Poucos jogadores reconhecem a importância da forma de se jogar dos blinds, porém, ela existe.

Os jogadores localizados nas últimas posições, especialmente o button, sempre têm propensão a roubar os blinds. Isto é, aumentar a aposta visando tirar os demais jogadores da mão.

Então, se dermos fold cada vez que chegar nossa vez de ser blind, estaríamos desistindo de 3 ou 4 apostas por hora.

Como não é comum ganhar mais de um pote grande nesse mesmo período de tempo, esse valor deveria ser suficientemente bom para compensar essas perdas e as que poderemos sofrer em alguma outra mão, ou então, devemos roubar os blinds uma vez a cada órbita.

A partir disso se constata a importância que tem essa jogada, e a conveniência de defender-se da mesma.

O roubo de blinds

"Não só de pão vive o homem, também de roubo."

Se só esperarmos boas cartas para ganhar, a longo prazo não teremos resultados. São poucas as oportunidades nas quais isso acontece e, para piorar, em algumas podemos perder.

Por isso, é imperativo incluir blefar e roubar no repertório estratégico . E o mais fácil, ainda que menos lucrativo, é fazê-lo com os blinds dos outros.

O que devemos levar em consideração para que estes roubos sejam mais eficazes? Aqui esta um "decálogo".

A posição na mesa

A partir do botão, a premissa é roubar em todas as oportunidades favoráveis. Com cartas ou apenas na agressividade, considerando que, segundo os parâmetros que

XIV. As Apostas Obrigatórias

analisaremos, as possibilidades de que nos paguem e percamos são menores ou compensam as mãos que perdermos.

Se competíssemos unicamente contra os blinds, seria uma situação semelhante a de um squeeze (espremer), uma vez que o small blind (imediatamente à esquerda) temerá nosso raise e, além disso, um possível reraise do big blind. Nessa situação, só entraria no jogo com mãos premium.

O small blind abandonará a mão na maioria das vezes, então, na realidade, trata-se de tirar apenas um rival da mão. Isso facilita a tomada de decisão

À medida que nos distanciamos das posições finais, o roubo deve se fazer com mãos que ofereçam alguma possibilidade de continuar no jogo, e nos defender nas rodadas seguintes (semiblefes ou mãos boas).

Se estivermos no small blind e, hipoteticamente, todos darem fold, pagar só custa meio blind, mas ficamos expostos a um possível raise do big blind. Parece aconselhável sempre dar um raise, maior ou menor, dependendo das circunstâncias. As consequências podem ser:

1. ficarmos automaticamente com o big blind,
2. que não nos roubem o nosso blind,
3. impedir um raise, ou
4. poder ver o flop por um preço controlado.

Por outro lado, se tivermos uma boa mão, provavelmente seja mais produtivo pagar e provocar o raise do small blind, será uma aposta pelo valor e um blefe ao mesmo tempo.

Nesse caso, no flop teremos que falar primeiro, mas como a iniciativa foi tomada pelo oponente, poderemos dar check ou apostar, segundo a nossa conveniência, e essas ações não estariam oferecendo informação.

Dan Harrington dá alguns conselhos para jogar no small blind contra o big blind.

1. Uma vez que temos odds de 3:1, devemos dar fold apenas com os 20% inferiores da nossa gama: as mãos muito ruins.
2. Das restantes, daremos raise 30% das vezes e apenas pagaremos 70%.
3. Guardemos algumas das melhores cartas para pagar, incluindo ases, pares e duas cartas altas. Quando o big blind der um raise, necessitaremos de boas cartas para pagar ou para aumentar novamente.

4. Se não acertamos nada no flop, mas tivermos cartas altas, não há obrigação de apostar. Estemos dispostos a pedir mesa, assim o big blind poderá ver que isso não significa necessariamente fraqueza.

Em geral, é bom prestar atenção especial no modo de jogar do BB. Lembremos que seguiremos "convivendo" com ele na mesa, e quem melhor adaptar seu jogo ao do outro terá grande vantagem.

A imagem

A imagem do estilo de jogo fará efeito nos rivais, especialmente no que diz respeito a sua tendência de defender os seus blinds.

Se jogamos de forma muito loose, será maior a defesa dos blinds, se adotamos o estilo conservador, será menor; se variamos, terão dúvidas; e como se diz habitualmente, "diante da dúvida, abstenção". Mais vezes roubaremos e mais vezes não tentarão nos roubar.

A quantidade de oportunidades

Um dos fatores que produz essa imagem é a quantidade de oportunidades nas quais tentamos roubar.

Se o fizermos em todas as mãos, chegará um momento no qual não nos darão crédito, e isso acontecerá muito rápido. Por outro lado, se esta ação for espaçada, será mais efetiva.

Se a intenção for roubar tudo que vier, uma opção para dificultar a leitura dos oponentes é não fazê-lo sempre da mesma posição.

Finalmente, algumas vezes, deveríamos dar dar fold para não mostrar padrões.

As estatísticas de roubo

Nos jogos online, as estatísticas do jogo dos oponentes que possamos conhecer, são de grande utilidade.

Se estivermos no botão, os valores que ajudam a avaliar as melhores possibilidades de roubo são o FSBS (Fold small blind para Roubo) e o FBBS (Fold big blind para Roubo). O S em questão significa STEAL (roubo em inglês).

Esses indicadores mostram o percentual de oportunidades de fold dos blinds (small e big, respectivamente) diante de um raise.

De posições anteriores, necessitaremos saber o número que corresponde aos jogadores que estão à nossa esquerda.

Também, para que possamos nos prevenir, é proveitoso conhecer o percentual de raises (ver capítulo "poker online").

Tipos de rivais

Os roubos serão mais efetivos quanto mais conservadores forem os jogadores nos blinds.

Se jogarem variando o estilo, moderação. Se for um típico calling station (sempre paga), é melhor descartar a jogada, ou só dar raise com boas mãos, e então teremos crédito.

Pode ocorrer que se faça uma boa análise de todos os detalhes, tentemos um roubo, e contra nossos prognósticos, nos paguem, ou ainda pior, nos aumentem. O que fazer?

Se só pagarem, é melhor jogar com agressividade no flop, com continuation bets, e com cautela se voltarem a pagar.

Diante de um reraise, muita precaução, especialmente, se considerarmos que o big jogue de forma tight ou se houver mais de um oponente.

Se a nossa mão não for boa, e estivermos blefando, temos que dar fold e minimizar a perda.

Se for um semiblefe, poderia ser conveniente correr o risco de pagar para ver o turn, de acordo com o custo do reraise e a sua relação com o pote.

Se o fizermos, e acertarmos, pode render bastante, pelas implied odds (odds implícitas). Se não for assim, podemos voltar a disfarçar e tentar um grande blefe ou então "batemos em retirada"; não há fórmulas mágicas.

As cartas

A força das nossas cartas não é preponderante para tentar um roubo.

Como roubar supõe estar mentindo, se alguém pagar a aposta, naturalmente é menos arriscado um semiblefe do que um blefe.

Nesse caso, jogará a favor quo, a partir do flop, os blinds terão que agir antes e haverá mais informação para decidir como atuar.

175

A modalidade do jogo

É mais habitual o roubo nos torneios. Nos cash games, os seus valores não são significativos, e nem sempre o risco vale a pena.

Pode ser conveniente com um draw ou com um par médio na mão, para já ficarmos com as fichas ou se acertarmos o flop.

Nos torneios, é uma tática habitual para desgastar aos rivais. Como os stacks são limitados, toda redução é ruim.

Tirar fichas paulatinamente do adversário é muito efetivo para reduzir as suas possibilidades e a sua motivação. Devemos induzi-lo ao erro.

A etapa de um torneio

Nas primeiras etapas, tem mais efeito psicológico do que material, mas em níveis mais altos, nos que os blinds tem uma alta relação percentual com os stacks, é imperativo roubá-los. Se o nosso stack for grande, é bom para diminuir a força dos rivais e por que será "dolorido" pagar. Ao contrário, se o nosso stack for pequeno e não roubarmos, "morreremos" nos blinds.

Nas primeiras posições, logicamente é arriscado roubar, e normalmente, não cumpre o objetivo.

Os stacks

A quantidade de fichas em jogo é um elemento relevante de pressão e de persuasão para roubar.

Com um grande stack, se amedronta, e poderemos dar call ou até raise, para conseguir ver o flop.

Se estivermos com poucas fichas, o roubo será quase sempre com all-in. E, para que seja efetivo, o valor deve ser razoavelmente significativo. Pagar tem de ser "doloroso".

Portanto, antes que seja tarde, antes que não possamos assustar ninguém, teremos que iniciar a prática dos roubos para aumentar ou para manter o tamanho do stack como arma persuasiva. É importante reiterar: O valor deve ser importante para "machucar".

XIV. As Apostas Obrigatórias

O valor da aposta para roubar

Se causa o efeito buscado, quanto menor seja a subida menor será o risco, mas também, menor será a equidade de fold. Então, o rival terá mais propensão a pagar a aposta.

O tamanho do raise é diretamente proporcional à sua efetividade.

Para uma ponderação adequada, influem tanto o valor dos blinds como a quantidade e tipo de jogadores que poderão pagá-lo, a posição e se estamos tratando de um blefe ou semiblefe.

Em geral, se aconselha um raise de 3 a 4 vezes o big blind. Estes são valores referenciais genéricos, mas temos que se ponderar os fatores que incidem em cada situação.

Hoje em dia, está se utilizando muito o mini raise de 2 a 2,5 vezes o valor do big blind (isto é aplicado por jogadores agressivos que aumentam permanentemente, para que lhes seja rentável se funcionar, ou não muito caro se derem fold diante de um reraise).

O all-in é muito arriscado, ainda que efetivo. Confunde e intimida, mas, se nos pagarem, nessa situação de roubo, pode ser o famoso: adeus torneio. Se recomenda o all-in, quando não houver outra possibilidade ou com uma grande mão ainda que, neste caso, para gerar uma sensação de roubo. Nestes casos, na realidade, se pretende jogar a mão e ganhá-la extraindo valor.

A defesa dos blinds

Tanto como tentaremos roubar, tratarão de fazê-lo conosco. Se não os defendemos, o custo será alto, mas devemos selecionar bem quando e como fazê-lo.

Defendê-los significa fazê-lo com mãos marginais ou não muito boas.

Do contrário, com mãos boas, estaríamos "cozinhando" o adversário em uma situação propícia.

A proteção não é fácil. Implica riscos e jogaremos em posição ruim nas etapas seguintes; por isso devemos ser seletivos.

Quando os blinds são significativos, se deve avaliar minuciosamente a situação antes de dar fold automaticamente. Algumas vezes teremos que dar call, e em outras, raise. Dependerá de cada caso.

O que é certo é que temos sempre que evitar que nos roubem. Se aceitamos passivamente, continuarão nos roubando roubando. Devemos jogar com audácia e romper esse mito.

Mais ainda, se ao defender os blinds pegamos um blefe do agressor, ganharemos as suas fichas e o respeito da mesa, por sermos capazes de pagar e talvez, de continuar pagando, com uma mão medíocre.

A defesa diante de um blefe pode ter um bom efeito adicional: ver o turn grátis. Por quê? Se, logo no flop, dermos check, e nosso oponente estiver com possibilidades de concretizar um draw, ou supõe que o nosso call tenha sido consistente ou a textura do flop seja perigosa, pode ser que haja a chance de ver uma carta comunitária a mais sem custo, e que tenhamos a possibilidade de melhorar a nossa situação na mão e vencer o adversário.

"Não há melhor defesa do que um bom ataque". Isso é universal e plenamente aplicável ao poker. Portanto, a melhor proteção é um reraise; será desconcertante para o oponente.

Se o raise do oponente for uma introdução ao erro, levaremos as suas fichas. Se não, provavelmente devemos dar fold, mas, mais vezes acrescentaremos fichas ao nosso stack.

A agressividade calculada e seletiva é lucrativa. É mais fácil decidir apostar do que resolver pagar.

Quem aposta tem jogo ou blefa, mas mostra força. Para dar call, é preciso ter "cartas"; é difícil e arriscado fazê-lo sem jogo, ainda que, algumas vezes, devamos proceder assim. Então, necessitamos desenvolver a capacidade de reconhecer as situações adequadas.

Os programas das salas online oferecem estatísticas do ATS (Attempt to Steal – Tentativa de Roubo), que mostram o percentual de oportunidades nas quais um rival dá raise das últimas posições da mesa, tentando roubar os binds.

Também se pode conhecer a "gama de fold" que os demais jogadores têm diante de reraises.

XV. O POTE

*O melhor prêmio é o dinheiro, é mais
decorativo do que as estatuetas.*
Pedro Almodovar[59]

A. A criação do pote

A quantidade de fichas em disputa em uma das mãos do jogo (pote) é composto por todas as apostas realizadas, as obrigatórias e as voluntárias. Essa é a recompensa para o ganhador, o resultado da sua vitória e o acúmulo de fichas que aumentarão o seu stack.

Entretanto, o pote não é o resultado mecânico da soma acima mencionada, nem o resultado involuntário das circunstâncias de uma rodada.

Pelo contrário, a construção, manipulação e o controle do pote são conceitos administrados pelos bons jogadores, que os conseguem converter em resultados práticos.

Em outras palavras, não podem ser esquecidos em uma boa estratégia de jogo.

B. Construção, manipulação e controle do pote

Esta capacidade se relaciona com a habilidade de intervir para que o pote se adéque, em cada situação, da maneira que for mais conveniente, influenciado para aumentá-lo ou para mantê-lo no nível mais baixo possível. Manipular o valor do pote é a técnica indicada para escolher as ações mais precisas (check, call ou raise) e os seus valores para ajustar e influenciar o desenvolvimento da ação.

Um exemplo simples: se tivermos uma mão excelente, vamos supor, A♦A♣, temos que, desde o pré-flop, tratar de maximizar o pote e de jogar contra a menor quantidade de adversários para não diluir a sua força.

Por outro lado se tivermos 8♥9♥, parece mais indicado manter o pote controlado, de maneira que não custe muito para ver se acertamos algum draw ou algum jogo forte no bordo.

Como se pode ver, objetivos distintos.

---
59 - Renomado diretor de cinema espanhol.

Se a nossa intenção for encontrar um "milagre", seria necessário outro tipo de estratégia. Pode ser interessante fazer blocking bets (apostas de bloqueio) para evitar possíveis raises de outros jogadores, e ver as cartas comunitárias pelo preço mais barato.

Se um "milagre" acontecer no river, tiraremos todo o proveito do nosso jogo.

Conseguir manipular o pote evita se comprometer, conseguir um valor maior quando as probabilidades forem favoráveis, e nos salva da ruína quando estivermos dominados.

O valor de um jogo é diretamente proporcional à dificuldade para tomar decisões. Quanto maior, mais complexo. Isso é importante para transtornar os rivais e evitar que eles não nos transtornem.

Enfrentar decisões que levem a colocar em jogo todo o stack é sempre delicado, e muitas vezes induz a dar fold, e a perder o dinheiro investido, ainda com chances.

Isso é muito comum, especialmente nos torneios, pelo fato de não estar em jogo somente o pote e sim a sobrevivência no torneio.

C. O controle do pote e as fases das mãos

Este "trabalho" é permanente, desde o pré-flop até o river

Continuando com o exemplo anterior, se tivermos A♦A♣ trataremos de ir maximizando o pote desde a primeira aposta, mas não tentando espantar todos os adversários.

Não devemos entrar de all-in pois, no caso de um dos adversários ter uma mão muito grande (o que é muito pouco provável), somente levaríamos os blinds. O objetivo é jogar contra 1 ou 2 adversários, e tratar de conseguir valor.

As estratégias devem se adequar especialmente ao valor das apostas, em função da textura do flop.

O leque de possibilidades é amplo, desde raises controlados, check-raises, check-call no turn e check-raise no river.

Estes são os padrões simples, diante a um hipotético bordo favorável, e serve bem a título de exemplo.

D. Protegendo a mão

Ao mesmo tempo que se controla o pote, tem-se que se proteger a mão e o stack.

Não devemos assumir riscos nas primeiras etapas de apostas que possam nos comprometer com as seguintes.

Este é um jogo de equilíbrios delicados entre conseguir os melhores resultados, correndo riscos calculados.

O controle do pote e a proteção da mão não são conceitos antagônicos, são as duas faces da mesma moeda.

Controlar o pote compreende ambas as coisas: maximizar os lucros quando as probabilidades estiverem a favor, sem se expor mais do que o conveniente. Voltemos ao exemplo. Temos A♦A♣ e o flop vem:

[Q♦ J♦ 10♠]

O flop certamente é perigoso, pois abre muitas alternativas. Desde sequências para alguém que tenha pago com 8♦9♦ ou 9♦K♦, e também tem draws adicionais para flush, ou alguém pode ter completado alguma trinca ou dois pares.

A confiança a respeito da força da nossa mão diminuiu sensivelmente, ainda que algumas vezes continuemos na frente, e o objetivo de ganhar o máximo também é possível, mas agora também temos que nos proteger.

Os primeiros conceitos a incorporar são:
1. não nos "apaixonarmos" por nossos top pairs,
2. fazer uma boa leitura da textura do flop,
3. ter uma noção matemática de odds e pot odds.

No poker nada é categórico, e quase tudo é variável. Não existem receitas exatas de sucesso; cada situação é diferente e depende de muitos fatores.

Uma mesma mão não se joga da mesma forma de posições diferentes ou contra a quantidade diferente de oponentes, e estilos diferentes, e de acordo o tamanho dos stacks ou da fase do torneio.

Podemos estar convencidos de que as nossas cartas possam ser melhores do que as de outro jogador mediano (valorizando a gama com a qual ele deveria jogar), mas não ao respeito de alguém com parâmetros diferentes do nosso, que esteja disposto a pagar seguindo a regra. E sobretudo em relação o um jogador intuitivo ou um maníaco, mas o bordo pode completar o seu jogo "milagroso".

Por esta razão é importante a proteção. Claro que se só protegendo a mão perderemos muitas chances. Perderemos pouco, mas perderemos. Insistimos, este é um jogo de equilíbrios, como tudo na vida.

E. O controle do pote e as probabilidades

O valor do pote também tem relação com as probabilidades, influencia as pot odds e o EV (Valor Esperado).

Não é o único fator para a tomada de decisões, mas não existem dúvidas sobre a sua importância. Vem daí que probabilidades de ganhar e de correr mais riscos sejam equilibradas com uma tática eficiente de controle do pote.

Aqueles que têm prática, calculam mentalmente um valor aproximado muito rapidamente, e utilizam esta informação para decidir as suas jogadas.

A partir destas análises, podemos aprender algumas regras básicas:

- Jogar de tal maneira que determinaremos as pot odds dos rivais segundo a nossa conveniência.
- Levar em consideração a posição para desenvolver uma estratégia de controle do pote.
- Não é conveniente fazer blefes altos quando o pote for pequeno. Muito risco para pouca recompensa.
- Pagar no turn e no river quando as pot odds justificarem.

Todas estas táticas se concretizam decidindo corretamente as jogadas que faremos com os seus respectivos valores. Vamos estudar isso nos capítulos seguintes.

F. Comprometimento com o pote (Pot Committed)

Estar comprometido com o pote implica em um condicionamento negativo para decidir as jogadas em função de fatores que não são os mais adequados.

Algumas vezes, quando já se colocou algo no pote, não temos a certeza de estar ganhando ou perdendo deixamos nos levar pelo fato de já ter colocado algo no pote e não pela força de nossa mão. Uma das desculpas mais clássicas para justificar as derrotas é **"já tinha colocado x então tinha que defender as minhas fichas"**.

Este é o típico conceito dos denominados "Massa Falida" que também é objeto de estudo na Administração Financeira, na Teoria das Decisões entre outras matérias de ciências econômicas.

Os também chamados "custos não recuperáveis" são como o leite derramado, "dinheiro que já foi perdido", e muitas vezes os administradores de empresas também se influenciam de maneira equivocada por não saber lidar com este conceito, assim como no poker.

Um dos casos mais emblemáticos foi o da empresa Lockheed que em 1971 solicitou um aval ao governo federal dos EUA para obter um empréstimo destinado a continuar a desenvolver o avião Tristar. Lockheed e os seus associados sustentavam que seria ridículo abandonar um projeto no qual já haviam investido US$ 1bi. Claro que este argumento era fraco, pois este investimento não teria como ser recuperado se o produto final não o garantisse. A questão para se pensar era se o resultado final justificaria um novo investimento. Os US$ 1bi já tinham ido embora, e a decisão de continuar no projeto deveria depender da rentabilidade do aporte, e não do que já se tinha gastado. O Governo autorizou o empréstimo, os fundos foram aplicados para concluir o projeto, e a empresa não aguentou e naufragou.

Assim como os diretores de Lockheed, muitos jogadores que pagaram nas primeiras etapas buscando completar um jogo ou, com cartas com as quais não estavam seguros que estavam na frente, pagam uma aposta a mais no river porque já investiram demais, e se justificam dizendo que o pote compensa.

Esta ação teria sentido se a probabilidade de ganhar fosse maior do que a aposta efetivada no river em relação ao pote (pot odds). Não pode se levar em conta o que já foi investido para tomar uma decisão.

"Um jogador de cartas deveria aprender que, uma vez que as fichas estão na mesa, já não são suas mais" (Herbert O. Yardley)[60].

---

60 - Herbert Osborne Yardley (1889 - 1958) É conhecido principalmente por seu livro *The American Chamber Negro* (1931) onde resume os seus conhecimentos e atividades como fundador e diretor do MI-8, uma organização iniciada pelos EUA pouco depois da Primeira Grande Guerra e finalmente finalizado com a queda da bola em 1929. Também conhecida como a Câmara Negra, é muitas vezes comparada com a Agência Nacional de Segurança (NSA). No final de 1957 publicou "A educação de um jogador de poker" um best-seller da sua época, e muitos opinam que é um dos poucos livros sobre poker que não podem deixar de ser lidos.

Lamentavelmente, esta atitude acontece com frequência, e é uma situação nociva que pode levar à perda do stack e então temos que evitar cometer este erro.

Existem algumas rotinas para conseguir:

1. Saber do que se trata.
2. Ter claro quando e porque acontece.
3. Analisar de que maneira podemos evitar.

Roy Rounder[61] explica que esta situação acontece por três motivos

1. Ansiedade para atencipar os fatos.
2. Apego emocional às cartas.
3. Jogar mal uma mão desde o começo.

A primeira razão é a mais importante. Pois é necessário antecipar o que vai acontecer.

Depois que fizer uma aposta, um call ou um raise, repasse mentalmente as situações possíveis.

A segunda equivale a estar tiltado. Está muito próximo da falta de paciência.

A terceira é simplesmente falta de disciplina.

Estar comprometido com o pote é estar condenado. A maioria das vezes perderemos, e além disso demonstra que colocamos mais fichas do que deveríamos nas rodadas anteriores.

Para não entrar nesta situação, não convém apostar cegamente com mãos especulativas, que a situação em questão não favorece claramente.

Como disse Empédocles "sic ludere vult esse ebrius".[62]

Por exemplo, se tivermos Q♥J♥ (uma boa mão pré-flop) dependendo da posição não parece recomendável jogar mais agressivamente do que somente call e ver o flop.

Se apostamos forte pré-flop, porque imaginamos que iríamos ver 3 cartas de copas no flop, uma sequência pronta ou um draw grande, se algum adversário nos pagar teremos que rezar para a "Deusa da Riqueza" para que se complete alguns dos draws.

---

61 - Também conhecido como Rory Monahan é um jogador profissional, autor de "Texas Holdem Secrets" o livro eletrônico de poker considerado como o mais complexo do mercado

62 - "Deveria estar bêbado para apostar desta maneira". Um dos mais importantes filósofos gregos Empédocles nascel em Agrigento no ano 495 a.C É mais conhecido como o primeiro bêbado da Humanidade, no seu tempo livre se dedicava a filosofar e tratar de temas polítcos na Grécia. Empédocles pagava as suas contas de bebida com discursos e com algumas regalias nos seus livros (Wikipedia)

XV. O Pote

Se o flop mostrar cartas mais altas A♦,K♣ ou J♣ ou apenas um draw, somente, a nossa iniciativa de apostar primeiro pode nos induzir a apostar ou continuar pagando de maneira irresponsável até chegar ao showdown, apenas porque o valor do pote "vale a pena". Não é recomendável.

A concentração e a disciplina são tão importantes como levar em conta a questão das probabilidades e os outros ingredientes que se constituem em uma boa estratégia. O que precisamos é isso: boas estratégias de jogo!

Cada um vai ter a sua receita, como alguns chefs de cozinha fazem o pudim com 6 ovos e a Dona Hemengarda com doze, e ambos são excelentes; no poker também existem opiniões diferentes e fórmulas de sucesso individuais.

Para ilustrar colocamos uma receita de Miller, Metha e Flynn.[63]

"Não coloque 1/3 de seu stack (ou mais) e depois dê fold, a menos que esteja blefando ou enquanto pensava que tinha a melhor mão, mas uma nova informação lhe convecer do contrário (*No Limit Holdem*)."

O blefe é uma exceção à regra. As apostas altas obrigam o adversário a imaginar a nossa mão, nos ler e também estar disposto a correr riscos. Então, se vamos blefar temos que ser agressivos e ajustar-se às consequência desse tipo de jogo.

Outra exceção acontece nos torneios, nas situações nas quais estamos comprometidos não com o pote, mas sim em função do tamanho do nosso stack.

Existem situações em torneios que, para nos mantermos vivos, temos que tomar decisões matematicamente incorretas, mas essas são exceções.

Existem mãos que levam a grandes confrontos por grandes recompensas, por exemplo, as que resultam de um draw completado, mas o nosso oponente, inesperadamente, completa um "monstro" inimaginável.

Joguemos a favor da lei das probabilidades, adequando o valor das apostas às expectativas razoáveis, e tenhamos um "valium" sempre à mão, apenas para o caso de necessidade.

---

63 - Matt Flynn, Sunny Mehta e Ed Miller são três jogadores profissionais, com o seu trabalho reconhecido tanto no jogo quanto como escritores.

XVI.O BLEFE

*No poker, os honestos são pessoas "socialmente inadaptadas",
e os blefadores vencem*

A. Ganhar sem jogo

Uma das caracteristicas peculiares e mais atrativas do jogo é a de ganhar blefando.

Com coragem, boa leitura e com o aproveitamento da posição, é posível superar os outros tirando-os da mão e ganhando o pote

O blefe é uma tática especial cuja finalidade é gerar uma convicção de ter o jogo maior do que na verdade se tem, mediante apostas coerentes ou altas.

Para que tenha sucesso, os adversários devem acreditar ou não estar dispostos a pagar para ver. É igual ao amor, é necessário dois (ou mais), um que engane e o outro que acredite.

É uma jogada com poucas ou nenhuma possibilidade de ganhar se o adversário não abandonar a mão. Portanto impõe avaliar corretamente as chances do adversário dar fold.

Isso não é tão fácil porque, como diz Jaume Perich[64] "qualquer idiota pode dizer a verdade, mas para mentir não tem imaginação suficiente".

Alguns jogadores não mentem e outros exageram na dose e se apaixonam pelos blefes, ficam encantandos com o blefe, e o fazem de maneira indiscriminada.

Esta estratégia definitivamente não é recomendada para iniciantes.

Os bons jogadores mentem, sem dúvida, mas quando sentem fraqueza dos adversários, e têm uma boa leitura da situação. Eles levam em conta os ensinamentos de Oscar Wilde: "A única coisa que vai conseguir dizendo permanentemente a verdade, é ser descoberto".

Para Paul Wasicka[65] "blefar é uma arte e uma ciência" e para fazê-lo bem devemos tomar decisões corretas e nos momentos oportunos" e aconselha:

---

64. Jaume Perich Escala, popularmente conhecido como El Perich, foi escritor, desenhista e humorista. Nasceu em 1941 em Barcelona, e morreu em 1995
65. Jogador norte-americano de sucesso, autor de *Power Holdem Strategy*, foi vice-campeão mundial da WSOP em 2006 ganhando mais de US$ 6 milhões. Ganhou diversos torneios e até hoje os seus ganhos sobrepassam os US$ 10 milhões.

1. Nunca arrisque exageradamente.
2. O faça apenas contra jogadores previsíveis.
3. Não coloque todo o seu stack em risco.

Nós adicionamos:

1. Seja seletivo com a quantidade de blefes.
2. Ajuste o valor das apostas.
3. Escolha o momento apropriado.

Mentir com sucesso não é fácil, e se nunca enganamos a nosso cônjuge, será mais difícil ainda.

Tem que se disfrutar do blefe, mas nunca arriscando todo o nosso stack, nem a nossa sobrevivência no torneio. Muitas vezes alguém vai estar esperando, e a sensação nestes casos é francamente ingrata.

Nos capítulos seguintes vamos investigar com mais profundidade uma série de conceitos, conselhos e de fatores do blefe.

B. Tipos de blefes

Vamos dividir em primeiro lugar os diferentes tipos:

O blefe

O blefe é uma tática; se não se conseguir o seu objetivo, perderemos.

É uma ação típica do poker, com muito charme e às vezes espetacular, ainda que ela tenha mais êxito na teoria do que a prática.

A muitos novatos seduz a possibilidade de blefar mais vezes, e isso acaba disvirtuando a sua utilidade, uma vez que, a partir de certo ponto, não se engana ninguém mais.

O blefe tem 2 objetivos complementares:

1. Ganhar o pote e
2. Construir uma imagem.

Se não blefamos, vamos desperdiçar a metade do nosso potencial de triunfo.

Algumas vezes ganharemos mostrando o melhor jogo ou daremos fold ao saber que perdemos, mas um bom jogador sempre tem à mão um bom arsenal.

A imagem de um blefador se cria por apostas fortes ou porque, em alguma oportunidade, teve que mostrar as cartas depois de um call e o blefador foi pego. Neste caso, não vamos conseguir o primeiro objetivo, mas sim o segundo.

Muitos ficam obcecados para conseguir que paguem as suas apostas quando se tem a melhor mão. Alguns se desequilibram quando com AA ganham um pote pequeno (que é muito comum).

E esta é uma reação equivocada, por duas razões:

1. Porque é melhor ganhar pouco do que perder muito, e
2. Não se deve questionar o valor do pote, e sim o fato de não ter participado de outros potes que poderiam ser lucrativos.

Se pudermos ganhar uma mão sem lutar com AA, nada impede que façamos o mesmo com 7-9. Se soubermos fazê-lo, podemos jogar mãos fracas quase do mesmo modo que outras mãos excelentes.

Esta técnica é importante nos torneios, onde se tem que sobreviver.

Ganhando muios potes pequenos sem os adversários oferecerem resistência, sempre teremos fichas.

É evidente que não podemos eliminar ninguém caso não sejamos pagos.

Se durante certo tempo não blefarmos, apostarmos somente com boas mãos e dermos, fold caso contrátio, quando tentarmos será mais eficaz, e se não conquistarmos o objetivo inicial, estaremos criando uma certa imprevisibilidade em algumas situações.

De todas as maneiras, não há como valorizar demais o efeito da imagem; esta tem que variar de acordo com o tipo de jogo, torneio, rivais e etc., e além disso é insuficiente como tática principal.

Nos torneios, o blefe é mais necessário nas últimas rodadas, e inevitável no heads-up.Claro que para fazê-lo bem tem que se considerar o nível dos stacks e a situação psicológica do adversário.

Somente pode blefar quem apostar ou der reraise e consegue fazer os adversários darem fold.

Entretando, pode ocorrer que alguém dê um call para comprar uma carta ou para ver um flop, e quando enfrentar um raise possa tentar um reraise blefando, novamente querendo representar o jogo absoluto, o que é blefe.

Se alguém der check-raise no river é provável que tenha jogo, porque poucos se animam a blefar nesta situação. Entretanto, tem que se analisar bem a oportunidade e avaliar o desenvolvimento da mão, a textura do bordo, o perfil do jogador e a sua situação no torneio e o seu stack.

É muito, mas estas questões é que levam a uma decisão acertada, e marcam o resultado de uma jogada importante.

O semiblefe

O semiblefe é uma aposta para induzir ao erro que, diferente da anterior, se faz com 2 chances de ganhar, a chance do adversário dar fold e a chance de completar o jogo.

Nas mesas é mais habitual ver semiblefes em função ao seu menor risco. Enquanto o blefe tem apenas uma opção ganhadora, que o adversário dê fold, o semiblefe tem mais opções:

1. O fold do adversário
2. Se pagar e a próxima carta comunitária for perigosa, é possível voltar a apostar representando que acertamos (e se ganhará mais do que com a primeira opção), e
3. Que as cartas seguintes completem efetivamente o nosso melhor jogo (Andy Bloch)[66]

E afirma "o semiblefe é uma das armas mais poderosas do arsenal de qualqur jogador. Se uma situação apresentar uma possibilidade de roubar o pote com um semiblefe, é muito interessante levar isso em consideração. Mais do que qualquer outra jogada que faça à mesa, os semiblefes são sempre mais efetivos quando feitos no momento certo. Se for feito com muita frequencia, os seus oponentes vão ter mais informações quando você tiver algum draw e estiver jogando de maneira previsível. O segredo é equilibrar as ações para não ser um livro aberto e ser sempre imprevisível.

---

66. Andrew Bloch nasceu em 1° de junho de 1969 em Connecticut. Estudou direito em Harvard, e tem 2 titulos em Engenharia, além da Licenciatura em Direito. Parecia que nunca iria exercer o direito e conseguiu estar presente nas mesas finais da WSOP em 2001, ficando em primeiro no Foxwoods em 2002 (jogando 7-card stud) e 2 mesas finais do World Poker Tour (WPT) durante o primeiro ano do circuito, terminando em terceiro em ambos casos. Em 2005 conquistou outras duas vitórias, ganhando o evento de Limit Holdem da WSOP no hotel Rio de Las Vegas, e o Ultimate Poker Challenge de US$10k. Em 2006 esteve cinco vezes 5 ITM (In the Money), ganhando mais de US$ 1 milhão (Fonte:Wikipoker.com).

Em algumas oportunidades o semiblefe é a melhor ação possível. Se dermos check, daríamos uma carta grátis, e uma chance de completar ou de melhorar um jogo sem custos..

Leve-se em conta que no poker se demonstra força apostando e não pagando.

Um semiblefe oportuno muitas vezes induz a descartar mãos ganhadoras. A posição e o tipo dos adversários são, novamente, decisivos.

O float

O float é uma tática particular que requer um bom nível de habilidade e de experiência.

É uma jogada que prepara o blefe, que muitas vezes é feita com mãos especulativas como pares medianos ou cartas conectadas ou naipadas.

Por exemplo, quando enfrentamos um raise pré-flop temos algumas opções: uma é pagar para ver o flop, e verificar se acertamos uma trinca ou acertamos algum draw grande, e daremos fold caso não acertemos nada. Esta é uma estratégia básica, sem fantasia nem imaginação. Se acertamos, ganhamos; e se não acertamos, perdemos, mas as probabilidades não estão a nosso favor.

Outra possibilidade seria fazer um reraise como semiblefe: responder o raise com um reraise. É mais arriscado, mas garante possibilidades de ganhar o pote na força ou aumentar o mesmo pote para ganhar nas streets subsequentes.

E a outra opção é fazer um float. Consiste em pagar pré-flop, mas preparando-se para tomar a iniciativa blefando no flop ou no turn.

Se entrarmos no jogo com um par na mão, teremos 12,5% de possibilidades de acertar a trinca no flop (1 em cada 7,5 vezes). Se não acertarmos, perdemos o que investimos ou tentamos blefar.

Após pagar o raise inicial, representamos ter alguma coisa. O que não se sabe é o que exatamente representamos, e este é o elemento especulativo. Os jogadores experientes vão para o float inclusive sem nenhuma mão, ou seja, sem ter acertado nenhuma parte do flop, apenas para ver como a adversário age na próxima street, e ao sentir um mínimo sentido de fraqueza apostam no turn ou no river, e terminam ganhando a mão na habilidade.

O float é aconselhável estando em posição, mas os mais experimentados chegam a fazer um float até fora de posição.

É uma jogada arriscada como qualquer blefe, portanto tem que ser prudente.Os jogadores iniciantes não deveriam utilizá-la até que adquiram mais experiência e tenham mais segurança para efetivar as suas jogadas.

Assim como não é bom blefar permanentemente pelo fato de se tornar previsível, o float tem como vantagem a possibilidade de conseguir completar algumas mãos com as cartas comunitárias, caso no qual as implied odds podem ser importantes.

Com um jogo equilibrado, se dificulta a leitura e se dá sinais de força, características diferentes deste blefe premeditado.

Squeeze

O squeeze é uma tática sofisticada e muito audaciosa, também muito praticada por jogadores experientes.

Consiste em dar um raise depois que um jogador der um raise e o outro jogador pagar o raise. A finalidade é deixar o raiser original no meio da ação e dificultar a sua ação na mão.

O objetivo principal é fazer o raiser original acreditar que as suas cartas não são tão boas para jogar contra dois rivais, e ainda acrescente a insegurança a respeito das ações futuras do pagador (poderia entrar de all-in). É muito provável que ele jogue as cartas fora.

O segundo que deu call muito provavelmente deu o call por achar que teria mão suficiente para jogar contra um raiser original em posição, mas contra outro adversário que deu outro raise, é provável que abandone a mão, então levaríamos o pote só com a força desta jogada.

Vamos a um exemplo:

Suponha que os big blid seja de $200. Os jogadores das 3ª, 4ª e 5ª posições dão fold, e o da 6ª posição dá um raise para $600. As 7ª e 8ª posições dão fold, a 9ª paga, e a 10ª posição e o SB dão fold.

O pote já tem $1500. Nós estamos no BB e damos um reraise para $2000 (obviamente não temos uma mão com nenhum valor). A ação volta para o raiser original, que tem um dilema entre pagar, dar reraise ou fold.

XVI. O Blefe

Ele deve supor que um reraise do big blind provavelmente seja com uma mão muito forte, uma vez que deu reraise contra 2 jogadores de uma posição ruim. E outro problema, tem que avaliar o call do segundo jogador, pois geralmente é uma mão especulativa como pares medianos ou cartas conectadas e naipadas, mas em alguns casos pode ser uma armadilha de alguma mão monstro. Então o raiser original tem que tomar a sua decisão de muito provavelmente dar fold ou dar outro raise, eventualmente um all-in, se a sua mão for premium ou superpremium ele vai certamente dar outro raise e, se não, vai dar fold. Qual é a maior probabilidade? Ele ter uma mão muito boa ou uma mão apenas razoável para abrir? Acreditamos que ele só continuará no jogo com as mãos ilustração a seguir.

Probabilidades de receber mãos premium x probabilidades de ganhar

Mão	% de probabilidades de receber	% de ganhar	
		1 adversário	2 adversários
A♠A♥	0,45	85	74
K♦K♣	0,45	82	69
Q♣Q♥	0,45	80	65
J♥J♠	0,45	77	62
10♠10♦	0,45	75	58
9♦9♦	0,45	72	54
A♥K♥	0,45	67	51

As mãos mostradas são as únicas que têm favoritismo contra 2 adversários (mais de 50%).

Então, com as três primeiras, com certeza o raiser vai dar reraise, e neste caso perderemos, com as restantes, poderia pagar ou dar fold, em função insegurança que tem pela presença do limper.

Também teria que fazer os seus cálculos em função das pot odds, mas isso se complica também por ter uma certa insegurança a respeito da situação.

As chances conjuntas de ter recebido estas mãos são de 3%, Então, a chance matemática de ter uma mão premium é muito menor do que de ter uma mão simplesmente boa para abrir com um raise simples. Do ponto de vista do jogador que efetuou o call, provavelmente está com uma mão especulativa como pares ou cartas conectadas, e em poucos casos preparando uma armadilha (slowplay). Neste caso o raiser original daria fold, e o jogador que deu call daria reraise e então perderíamos a mão, mas isso seria em 1,35% dos casos. Na maioria das vezes ele daria fold e ganharíamos um pote recheado!

O squeeze é espetacular quando se tem sucesso, mas arriscado, e requer muita experiência e técnica para identificar as situações favoráveis.

É bastante conveniente usar esta ferramenta quando tivermos muitas fichas para não nos comprometermos mais vezes do que o desejável, nas quais a jogada não funcionar.

Slowplay

O slowplay ou armadilha (não confundir com softplay) é uma técnica de disfarçar o valor de uma mão muito forte.

Seria uma espécie de blefe ao contrário. Representamos não ter nada grande enquanto temos um monstro, e tentaremos que os nossos adversários coloquem fichas em um pote no qual somos favoritos.

Deve ser feito contra jogadores agressivos que vão continuar apostando, confundindo os nossos checks com fraqueza.

A principal virtude do slowplay é jogar de maneira não convencional. Pois geralmente as mãos premiums vão dar reraise pré-flop quando diante de um raise. Assim, equilibrar a estratégia com apenas call em um primeiro raise, vai deixar a nossa imagem imprevisível e de difícil leitura.

Existe uma outra virtude do slowplay é que, quando pagamos uma aposta com uma mão premium, podermos induzir algum jogador a fazer um squeeze, e então teríamos a situação perfeita para fazer funcionar a nossa estratégia.

Esta estratégia esconde o valor da mão e a torna de difícil leitura, possibilitando apostas futuras interessantes.

XVI. O Blefe

Pode ser utilizado em qualquer street, no pré-flop com uma mão premium, no flop com uma mão que acertamos bem o flop, ou no turn para dar uma chance de conceder uma carta para o adversário acertar um jogo menor e conseguirmos extrair valor.

Geralmente o mais comum e lucrativo é efetivá-lo desde o pré-flop, em função de podermos alavancar o pote nas streets subsequentes. Um erro da maioria dos jogadores é ganhar muito poucas fichas com cartas boas porque jogam de maneira muito previsível. Os potes nos quais se ganham mais fichas são aqueles que disfarçamos a nossa mão e conseguimos extrair fichas importantes. O que fica claro, é que o importante é equilibrar as duas estratégias, tanto a de fazer slowplay como de jogar de maneira convencional, para não se tornar previsível, e ter uma chance de conseguir ação quando tivermos jogo.

É uma arma muito efetiva contra iniciantes, jogadores loose e contra jogadores maníacos; estes são mais fáceis de cair na armadilha.

Fazer slowplay em exagero também é um erro comum dos jogadores novatos. Os grandes jogadores o fazem de maneira seletiva, e têm uma noção melhor das oportunidades.

É muito mais interessante quando estivermos nas primeiras posições, uma vez que deixamos a mesa toda falar e alguém pode se aventurar a fazer um squeeze ou um reraise, achando que realmente tem a melhor mão. A chave do sucesso é que os benefícios das apostas futuras vão compensar a perda de equidade (expectativa da mão), que se gera pela aparente passividade, pois em alguns casos entram no pote mais jogadores do que o recomendável.

Obviamente, como toda jogada não convencional tem seus riscos.

Se o flop vier com uma textura perigosa, tem que estar preparado para dar fold com a nossa mão premium sem ressentimentos.

É uma arma excelente e deve ser usada de maneira equilibrada e inteligente.

C. O blefe. Quando e como?

Dizem que as crianças não mentem, "por isso as mandam para a escola".

No poker também temos que aprender a concebê-lo.

Os fatores seguintes são alguns dos mais importantes para se conseguir um blefe de sucesso.

A quantidade e a situação dos rivais

O blefe é efetivo contra poucos adversários; quanto menos, melhor. Um ou dois é o ideal; contra mais adversários, é mais difícil.

Em um torneio, quem tiver poucas fichas e não se pode fazer um rebuy, é um grande candidato para ser blefado, pois jogará de maneira mais cautelosa.

E não é nada recomendado blefar alguém que esteja comprometido com o pote, pelas razões óbvias de que ele não vai abandonar a mão.

O tipo de adversários

Embora não pareça, o blefe pode ser mais eficaz contra jogadores experientes do que contra novatos, que em alguns casos não conseguem entender o jogo de maneira mais complexa, e não conseguem se desfazer da sua mão.

Os jogadores mais experientes também têm uma disposição para analisar melhor a situação, e abandonar algumas mãos razoáveis e até boas, de acordo com as circunstâncias.

Os jogadores loose sempre procuram motivos para pagar, e os jogadores muito sólidos para dar fold, por isso as melhores vítimas desta arma são os jogadores sólidos: se não acertarem um flop, abandonam sem lutar.

Isso não significa que não podemos blefar um jogador loose, mas o blefe tem que ser mais elaborado, e em muitos casos exigir apostas em mais streets, ou seja, tem que ser mais elaborado, mas é possível.

Não é o blefe por se mesmo que triunfa e sim a técnica de como e quando e contra quem vamos atacar.

É muito difícil blefar um calling station pois pagam permanentemente, e também blefes contra 2 jogadores têm uma taxa de risco maior.

O valor da aposta e do pote

O valor do pote em jogo é muito importante, uma vez que teremos que manobrar o pote a nosso favor, e fazer apostas que façam sentido com a mão que queremos representar.

Momento para blefar

Devem ser feitos poucas vezes e com precisão.

Os jogadores mais técnicos conseguem combinar blefes e apostas pelo valor para criar uma imagem de blefador, e isso pode lhe render dividendos quando tiverem uma mão realmente forte.

O jogo imprevisível desorienta os adversários, e possibilita o blefe com sucesso. O importante é ser sempre imprevisível, pois assim os nossos adversários não poderão traçar uma estratégia simples.

Quando se sofre uma bad beat, ou ainda pior, mais de uma, o impulso é de blefar e tentar recuperar o que perdeu a curto prazo, de qualquer maneira. Isso geralmente não parece a melhor estratégia, uma vez o que o ideal seria recuperar a tranquilidade.

A imagem que passamos aos adversários é de estarmos descontrolados e ansiosos para jogar; assim, no caso de ter uma mão boa legítima podemos jogá-la agressivamente, e de simular um blefe. É um dos casos nos quais a overbet é vantajosa.

Em torneios, é mais fácil ter sucesso blefando durante o período da bolha[67] Poucos querem correr o risco de ser eliminados antes de entrar na faixa de premiação, claro não é uma tarefa fácil. Saber dosar a sobrevivência com agressividade neste momento é uma das chaves do sucesso.

Etapas de apostas em uma rodada

O blefe pode ser realizado a qualquer momento, mas cada etapa de cada mão tem características diferentes. Como regra geral, quanto mais cartas comunitárias vemos, mais difícil será, exceto algumas situações especiais nas quais o risco sempre é proporcional a recompensa.

No pré-flop, o blefe vale a pena estando na posição do no dealer. Nos cash games, eles aparecem com menor frequência, uma vez que nos torneios a pressão dos blinds é maior em função de aumentarem gradativamente.

Após ver o flop temos de fazer uma boa leitura da sua textura, e das possíveis mãos de nossos rivais considerando as cartas comunitárias.

Como regra geral, se o flop vier com cartas altas e um ou mais jogadores pagarem a aposta, é bem possível que alguém tenha jogo. Caso surja um flop coordenado

---

67 - Bolha é a denominação para um momento do torneio no qual falta um jogador ser eliminado para que todos possam entrar na faixa de premiação.

(cartas em sequência) ou com cartas de um mesmo naipe, também há chances de ter acertado alguém. Com cartas dobradas é muito interessante fazer um blefe, pois diminui consideravelmente a chance de alguém ter acertado algo no flop. O poker é um jogo de paciência e de oportunidades. Não podemos nos precipitar para blefar se as condições não forem apropriadas. Algumas vezes, o pote no flop não será tão tentador e aí passa a ser no turn que as coisas acontecem, com uma melhor leitura da situação (com quatro cartas comunitárias abertas).

Também há a vantagem de que se alguém tivesse acertado o flop já teria apostado para conseguir extrair algum valor, a não ser que esteja planejando um slowplay.

No river, com todo o bordo aberto, o blefe é mais arriscado, a leitura está completa e as ações anteriores demonstraram a situação de cada um, e são componentes importantes da leitura. Como regra geral, se não completarmos um jogo daremos check, e se alguém apostar, daremos fold. Se esta situação estiver acontecendo com frequência, devemos fazer analisar se não estamos pagando mais do que devemos para completar draws. Sempre dar fold no river é um sinal grande de fraqueza, que os adversários podem explorar por você ficar muito previsível. O ideal é combinar os folds com jogadas como check-raise ou reraise all-in que são mais arriscadas, mas representam muita força, além de equilibrar bastante o jogo e dificultar a leitura dos nossos adversários.

Já analisamos a importância do valor da aposta. Claro que no river existem outras condições específicas: mais fichas em jogo e mais riscos. Por exemplo, se entramos de all-in no river como blefe, temos a vantagem de que tiramos o adversário da zona de conforto, mas também arriscamos demais, sempre lembrando de que a recompensa é proporcional ao risco. A outra opção é semelhante a uma aposta pelo valor, com a qual representaremos um jogo e ganhamos sem arriscar tanto. Panno tem uma visão diferente e não menos fundamentada. Utilizando as suas próprias palavras "na minha experiência tive muita satisfação em entrar de all-in como blefe no river apelando ao medo do adversário em enfrentar uma aposta muito alta, pois muitas vezes a overbet é feita também com o nuts. Então, a aposta seria equilibrada e difícil de ler ou seja, lucrativa no longo prazo. Novamente decidir entre a overbet e uma aposta tradicional é o equilíbrio fundamental, e identificar qual cabe melhor em cada situação é o trabalho de todo jogador dedicado".

XVI. O Blefe

As posições

Cada vez que fazemos um blefe sem a informação necessária, estaremos dando um tiro no escuro, esperando que os adversários não paguem. Fazendo isso de maneira repetida, é muito difícil de obter êxito.

Uma boa posição facilita as coisas. Agindo depois dos adversários, eles terão que tomar decisões com menos informações, não sabendo o que planejamos e terão que trabalhar com suposições. Obviamente o dealer é a melhor posição para se blefar, pois é onde se tem a melhor posição na mesa além de, caso nenhum jogador tenha dado um raise, temos que enfrentar apenas 2 adversários.

A imagem que projetamos

Se nos caracterizarem como jogadores sólidos (tight), é mais provável que acreditem nos nossos blefes.

Uma tentativa de blefe deve ser planejada e ser efetivada com convicção. Qualquer hesitação pode ser fatal.

E não tem que se ter medo de fracassar, nem do possível ridículo quando temos que mostrar o nosso blefe. Ser pago de vez em quando é parte do jogo, e não tem nada de ruim, e gera mudança na nossa imagem (algo que podemos explorar depois).

O importante é a soma do que ganhamos em comparação com o que perdemos quando somos descobertos. Como diria Jules Renard[68] "de vez em quando diga a verdade para que todos acreditem em você quando mentir."

Agora temos outra dúvida: se o nosso blefe for bem-sucedido, devemos mostrar as cartas?

Não é ético ridicularizar o oponente, e nem ser arrogante em exibir nossa habilidade.

É como dizer "veja, eu estava blefando; como você não pagou com este jogo?" Ou coisas piores.

Existem razões para mostrar e razões para não mostrar. Matt Lessinger[69] coloca que as razões para se mostrar são:

---

68 - Pierre-Jules Renard o Jules Renard (1864 - 1910). Foi um destacado escritor francês, membro da academia Goncourt, crítico literário, poeta e narrador que de poker não sabia nada.
69 - Matt Lessinger é um jogador profissional e escreve para as revistas Card Player e Notícias do Poker Online. Publicou o "O Livro dos Blefes."

1. Se isso gera um domínio psicológico.
2. Se o adversário tiver tendências extremas para entrar em tilt.
3. Se houver público presente, você consegue uma vantagem psicológica sobre os adversários.

E as razões para não mostrar são:

1. Um jogador que confia na sua técnica não precisa de reconhecimento alheio.
2. Oferece informação sem necessidade, e isso é sempre incorreto.
3. Com um blefe queremos que os adversários deem fold, não queremos que paguem. Mostrar induz a pagar nas próximas oportunidades.
4. Não promover rancor na "vítima" do blefe para que ele não leve para o lado pessoal.

Para evitar estas situações incômodas é habitual mostrar uma carta apenas, geralmente o que poderia aparecer parte de um bom jogo vai por cortesia, e geralmente com o comentário "viu, não estava te blefando", o que contribui para formar uma imagem com informação incompleta.

XVII. O Poker online

*Ah que bom, agora os computadores
permitem o acesso à internet.*
Homer Simpson

A. Uma "ciência" específica

Um dos fatores que mais contribuíram para o crescimento e a manifestação do jogo nos últimos tempos foi o surgimento das salas online.

Hoje, são milhões de jogadores em todo o mundo que, diariamente, 24 horas por dia, jogam nos diferentes servidores, na comodidade do lar, ou onde possam ter acesso à rede.

O poker online tem as mesmas regras e estratégias que o presencial, e os requisitos para jogá-lo em bom nível são semelhantes. Porém, tem peculiaridades e diferenças que são importantes de se conhecer, para não se surpreender e se adaptar a essa modalidade.

Pode-se afirmar que o poker online é quase uma ciência à parte, e que ele é um jogo que qualquer um joga, mas que não é para "qualquer um".

O objetivo

Quem começa a jogar, e muitos que já o fizeram há tempos, aspiram ou sonham em ganhar muito dinheiro.

As ambições e as notícias ajudam a completar o field dos torneios que contam com premiações importantes. São desejos legítimos, sem dúvidas, mas difíceis de se alcançar.

Para cada jogador que ganha uma boa quantia em dinheiro, há milhares que só conquistam uns poucos dólares, e milhares que fornecem esse dinheiro.

O poker não se joga contra a banca, e sim contra os outros: "para que alguém ganhe uma fortuna, muitos outros precisam perder, pouco ou muito". Claro que, quando ganharmos esse grande prêmio ou um grande torneio, o balanço será notoriamente positivo.

Para os principiantes, as altas e baixas do bankroll são mais difíceis de suportar com dignidade, tanto econômica quanto psicologicamente. A muitos lhes custa manter o equilíbrio e a paciência para desenvolver uma estratégia ganhadora.

Devemos considerar que a médio prazo não podemos esperar ficar milionários, e muito menos, em pouco tempo. Mas, no longo prazo, talvez consigamos viver do poker.

Novamente, para tudo que queremos no poker, devemos pensar a longo prazo.

As particularidades do poker online

Diferente do poker ao vivo, temos mais situações que podem nos distrair: uma das principais é o stress com as possíveis quedas de conexão com a internet (enquanto isso acontece, o torneio continua e estamos ausentes, postando blinds e *ante*).

Também contribui para isso a realização simultânea de outras tarefas, como checar e-mails (o computador está ligado), falar por telefone, ver televisão, realizar tarefas familiares ou do lar, pagar contas, enfim, fazer coisas que ocupem a nossa mente.

Ainda assim, diante da comodidade ou possibilidade de preencher o tempo ocioso (espera no aeroporto, médico) ou por obsessão, algumas pessoas ficam muito tempo diante do computador, o que pode gerar cansaço e esgotamento físico e mental. Da mesma maneira que jogar por muitas horas.

Também não deve interferir no cumprimento das demais obrigações. Devemos aprender com o exemplo de Homer Simpson: "Filho, se queres algo nessa vida, terás que lutar. Agora silêncio que vou jogar poker".

Jogar pela internet requer disciplina, e isso significar ser conservador.

Apostar sempre, inclusive com mãos fracas, somente por que os limites são baixos, levará a perda de dinheiro. Pouco a pouco talvez, mas de forma segura.

Não obstante, se todo o nosso interesse estiver orientado a "encher os bolsos rapidamente", e estas sugestões não nos convencem, vamos jogar a todas mãos.

Como disse Oscar Wilde, "a melhor maneira de livrar-se da tentação é caindo nela". Será caro, mas não menos poético.

Todas as habilidades e as capacidades analisadas para o poker ao vivo podem e devem desenvolver-se para jogar online.

A velocidade do jogo

Pela internet, se joga muito mais rápido.

Não existe o embaralhar das cartas (é uma função instantânea do software), a distribuição das cartas é rápida e não há erros: as cartas não viram por acidente, não há miss deal (reembaralhar), ou não se entregam menos cartas a um jogador, o cálculo do rake (comissão) é automático, evitando a tediosa demora da sua contagem e cálculo, e o dealer não troca nem vende fichas, etc., etc.

As mesas tem um relógio que controla e limita o tempo para decidir as jogadas, e que começa a correr apenas na nossa vez. Normalmente dispomos de 20 segundos (ainda que, em quase todas as salas, se pode solicitar um período maior, com um limite estipulado em "timebank global" – geralmente de um minuto – que se esgota e não se repõe).

Estas peculiaridades permitem que, enquanto ao vivo se jogam ao redor de 25 a 30 mãos por hora, online esse número chega a 50/60. Essa adaptação requer poder ler o flop rapidamente. Assim como turn e river.

Os bons jogadores estão acostumados a perceber, de imediato, as possibilidades que o bordo oferece e como reagem os rivais, o que ajuda a leitura das suas possíveis cartas.

Esta característica se potencializa ao se jogar em mais de uma mesa ao mesmo tempo.

Uma sugestão valiosa é a de tratar de aperfeiçoar uma estratégia de jogo, mediante algum "sistema" que seja efetivo dentro da modalidade na qual escolha especializar-se.

Um sistema implica levar a cabo uma tática geral, na qual se considerem e desenvolvam algumas questões, como a seleção das mesas e as modalidades - cash, sit & go ou torneios - e aperfeiçoar um estilo de jogo próprio.

Jogar em várias mesas simultâneamente

Para quem adquiriu experiência, e participar de um jogo se torna insuficiente, lento ou tedioso, haverá a possibilidade de fazê-lo em várias mesas simultaneamente. Isso só se pode fazer online.

Também incluem os que vem de boa fase, e pensam que a podem maximizar jogando cada vez mais mesas ao mesmo tempo.

Para quem decidir fazê-lo, há sugestões úteis.

A primeira é organizar as mesas no monitor. Os programas permitem fazer isso em forma de "mosaico", para que estejam separadas umas das outras, não se sobreponham e possamos vê-las ao mesmo tempo, ainda que isso esteja limitado a uma determinada quantidade.

A outra alternativa é colocá-las em forma de "cascata". Cada mesa está tampada, uma sobre outra, e aparecem automaticamente quando chega a sua vez de jogar.

Em mesas múltiplas, com mãos sólidas em mais de uma, deveríamos nos assegurar de maximizar o ganho em cada uma delas. Para começar, devemos estar atentos a como entrar na mão, para evitar estar no meio de uma mão e nos questionarmos: O QUE ESTOU FAZENDO AQUI?

A maioria dos que disputam mesas múltiplas jogam de forma simples, sem muitos blefes. Estes tem exigências para se tornarem efetivos e, portanto, tempo e estudo da mesa e das suas jogadas. Por isso, é mais habitual se tornar agressivo em uma mesa do que várias simultaneamente.

Não obstante, jogando mesas simultâneas, diminui a atenção e se cometem mais erros.

Para os bons jogadores, inclusive, o ganho será percentualmente menor, ainda que os jogadores realmente habilidosos e com grandes poderes de concentração tenham uma ferramenta para maximizar o "faturamento" por hora.

Cada um deve estabelecer o seu número de mesas; a partir de certo número já não se poderá se manter jogando.

Tipos de oponentes

Em função da ampla disponibilidade de ofertas, poderemos enfrentar jogadores de perfis diferentes. Desde amadores ocasionais, até avançados, especialistas e profissionais.

Na atualidade, cada vez temos mais adeptos, e a quantidade de salas aumenta dia a dia.

Chegam muitos inexperientes e muitos fishes que ajudarão a encher os nossos bolsos, mas também há cada vez mais gente que joga melhor.

Nas mesas de apostas baixas ou de microlimites, há mais possibilidade que se reúnam jogadores inexperientes ou pouco talentosos, mas a partir de níveis superiores, isso muda radicalmente.

Conhecer as aptidões dos oponentes é crucial para estabelecer estratégias de jogo. Claro que estamos olhando o monitor, não vemos seus rostos, nem sabemos quem são. Por isso, até fazermos uma experiência com o jogo durante algum tempo, não saberemos em que nível está cada jogador.

Existe o acesso a estatísticas do jogo de cada rival, que logo analisaremos.

Estatísticas, notas e os registros de informação

As particularidades do estilo de jogo e os seus padrões são mais fáceis de conhecer.

O poker online oferece uma ajuda importante. Entre muitas outras particularidades, o próprio programa de jogo traz várias funções úteis.

Em uma sala, por exemplo, podemos catalogar os oponentes com cores, segundo a sua característica de jogo e, em outra, escrever notas em um bloco separado, situado ao lado de cada adversário. E, o mais interessante, essa informação se mantém registrada, por isso, se alguma vez voltamos a encontrá-lo, teremos todos os dados desde a primeira mão.

Os outros jogadores também farão anotações, tratarão de nos classificar e de registrar o nosso estilo. A reputação que criamos ao jogar condicionará a maneira que nos enfrentarão. Uma reputação leva muito tempo para ser criada; não obstante, se forma pelas facilidades que a ferramenta oferece.

Outra assistência para ter mais informação e para registrá-la é a função do replay das mãos. Com ela, podemos rever as mãos que jogamos, além de analisar o nosso jogo, e confirmar as estratégias dos rivais.

As estatísticas do jogo e a linha vermelha

Outra ferramenta útil é a estatística do jogo que oferece o software das salas.

Clicando na opção respectiva, podemos conhecer os percentuais de mãos com as quais demos fold, pagamos, as que aumentamos, ganhamos e as que perdemos.

Portanto, podem ser comparados com os padrões recomendáveis e analisar o jogo.

Um dos principais indicadores a se levar em conta é conhecida popularmente como a linha vermelha (redline). Ela mostra as mãos com as quais se ganha sem chegar ao showdown. Quanto mais ascendente for, melhor.

Igualmente, você pode ser um jogador bem-sucedido com uma redline descendente, sempre quando tiver uma média maior de mãos vencidas no showdown.

O problema surge quando essa linha mostra uma queda abrupta. Nesse caso, dificilmente poderemos compensar as perdas assinaladas por ela.

Quais são as causas?

A primeira é que estamos dando muitos calls, inclusive de mãos com raise, e que depois largamos.

Também pode se dever a frequentes apostas de continuação (c-bets) com mãos fracas com as quais logo se dá fold, ou a jogar muitos draws passivamente, etc. Todas essas são situações nas quais colocamos dinheiro no pote, e nos retiramos sem defendê-lo.

Na maioria das vezes, uma redline desse tipo se vê em jogadores multimesa, uma vez que costumam jogar em mais mesas das que podem realmente jogar, e decidem com pressa. A redline mostra, precisamente, isso.

Os softwares para conhecer o estilo de jogo dos rivais

Finalmente, existem softwares especiais que se adquirem no mercado, que oferecem estatísticas em tempo real, e informações úteis sobre os rivais.

A informação é obtida dos registros estatísticos das salas que permitem que os softwares façam pesquisa.

Os programas mostram uma enorme quantidade de dados que são extremamente úteis para analisar, instantaneamente, as particularidades dos oponentes e, em função dos seus parâmetros habituais, saber como jogam ou como reagem.

Estas estatísticas podem ser selecionadas e ordenadas a gosto. Claro que são tantas e tão variadas que requerem muita atenção, disciplina e trabalho.

Normalmente, são utilizadas por quem se dedica "a sério".

Quem faz disso uma atividade permanente, quase profissional, e conta com experiência e bom controle dessa informação, está em condições notoriamente vantajosas. O combate é claramente desigual.

XVII. O Poker Online

Existem vários programas que se pode adquirir e que, em maior ou menor proporção, oferecem as mesmas informações. Variam na sua facilidade de instalação, uso e no preço. Podem ser conseguidos pela web ou nas próprias salas, pagando com dinheiro, bônus ou com pontos que são oferecidos por jogar ali. Existem até versões grátis.

Os mais populares são o "Poker Tracker" e o "Holdem Manager". Mas também há outros como o "Stars Planner", o "Stars Buddy List", o "Table Highlighter" o "Stars Notes", o "Bet Pot", o "Big Pot Grabber" e, seguramente, outros que não conhecemos.

Uma vez instalados, se configuram segundo as necessidades e objetivo de cada jogador: há programas para controlar o valor das apostas, registrar os potes jogados e analisá-los posteriormente, para ver as nossas notas sobre os oponentes sem abrir os programas de jogo das salas.

Todos esses programas são permitidos pelos grande sites, uma vez que não são ferramentes que possam jogar ou decidir por se só.

Em alguns casos, nem sequer servem para tomar decisões, e ajudam a organizar as mesas e a coletar informação de diversos tipos, a fim de não nos confundirmos e de não desperdiçarmos a atenção com as mesas nas quais não estamos jogando. Mas, principalmente, oferecem muita informação valiosa.

Quais são essas informações? Aqui as principais:

1. Porcentagem de mãos que jogam.
2. Quantidade de vezes que só pagam e em quais posições.
3. O AFP (Fator de Agressão Pós-Flop), mede a sua agressividade pós flop.
4. Percentual de oportunidades que dão raise de cada posição em diferentes etapas.
5. Quantidade de vezes que ganham ou perdem, antes ou no showdown.
6. WTSD (Went to showdown), quantidade de vezes que chegam ao showdown.
7. VPIP (Voluntary Put in Pot) é o percentual de mãos com as quais se coloca dinheiro voluntariamente no pote.
8. Percentual de 3-bets, quantidade de vezes que aumentam os raises de outros.
9. Percentual de 3-bet/fold, ocasiões nas quais se dá fold diante de uma 3-bet.
10. ASB (Att. Blinds): é a porcentagem de vezes que aumentam das últimas posições. É a propensão a roubar os blinds.

Colocamos apenas dez tópicos, como os mandamentos, mas existem vários outros.

Estes dados devem ser comparados com os padrões de cada gama, e deduzir, a partir disso, os desvios que caracterizam o jogador.

Está muito claro que esta possibilidade está ao alcance de todos, então, enquanto jogamos, alguns sabem de nós mais do que nós mesmos.

O controle e o cuidado com o bankroll

Chama a atenção que alguns jogadores, inclusive muito bons, não consigam administrar bem o seu bankroll online.

Muitas vezes escutamos explicações a respeito do porque é difícil manter um bom equilíbrio ao jogar na internet, principalmente por fazê-lo em várias mesas simultâneas.

Também conspira contra esse cuidado a facilidade para subir de nível de apostas (sempre há uma mesa de valor superior, com um lugar vazio para recuperar o prejuízo, e inexoravelmente, perder mais).

Pelo visto, na internet é preciso mais disciplina e mais autocontrole.

Como estamos jogando por dinheiro (e admitindo que este "não nos sobra") devemos tomá-lo com a seriedade requerida. Cada decisão conta e tem um custo.

É importante estar sempre atento para constatar se nosso bankroll começa a se desequilibrar perigosamente, durante uma ou mais sessões. Nesse caso há duas opções: deixar de jogar por algum tempo ou baixarmos o nível de apostas e jogar nas mesas de limites muito baixos, até voltar pacientemente ao equilíbrio.

A seleção da modalidade de jogo e os limites

A seleção do nível de apostas das mesas e do tipo de jogo é mais importante do que normalmente supomos.

Se nos equivocarmos ao entrar em uma mesa de cash game, é bom não ter dúvida que o melhor a se fazer é sair o quanto antes; não se trata de nenhuma falta de dignidade, e sim de uma questão lógica de sobrevivência. Além disso, ninguém nos vê e não nos criticarão; algum dia estaremos em condições de ter "maiores ambições".

Para aprender, o poker grátis é útil: conseguiremos estar em contato com conhecimentos fundamentais, entenderemos a linguagem do jogo, as particularidades do software, o controle dos tempos, o valor relativo das mãos, descobriremos padrões de apostas nos rivais, mediremos a nossa capacidade de análise das situações e de reação, e aprenderemos a controlar as emoções.

Não obstante, as possibilidades de progresso no poker gratuito não passam desse nível básico, considerando que as reações e estratégias são diferentes das que se experimentam quando há dinheiro em jogo.

O passo seguinte que podemos dar são os torneios freeroll ou a prática do jogo nas comunidades de jogadores das diversas redes sociais.

Logo depois desses passos, se pode passar ao jogo por dinheiro em mesas de limites baixos. Já não vamos aprender como jogar, o que fazer, e sim conseguir o objetivo final: ganhar dinheiro!

As diferenças estratégicas entre o poker online e ao vivo

Muitos supõe (erroneamente) que as estratégias para o jogo ao vivo e para o online são as mesmas. Mas há várias características que são próprias e exigem ajustes.

Na internet, enfrentamos nicknames (apelidos) e não pessoas que vemos.

A realidade mostra que há muitos mais blefes. Parece evidente que isto seja em função de os jogadores não terem que expor a sua cara ou suas emoções quando fazem jogadas muito arriscadas. A ausência, ou a presença virtual, lhes facilita mentir sem que se note (tells). Mais ainda, se falhar, não ficam expostos aos comentários ou desaprovação dos adversários. No jogo ao vivo, muitos têm mais dificuldades de blefar, por que se sentem pouco a vontade.

Na internet, parece que alguns jogadores se esquecem de que estão lidando com dinheiro real e tendem a ser menos cuidadosos. Clicam o mouse para apostar, pagar ou dar raise, ainda que tenham poucas chances de ganhar. Portanto, deve se blefar menos.

Nos cash games, outra grande diferença são os movimentos constantes de entrada e saída de jogadores na mesa.

A acessibilidade e a grande oferta permitem sentar-se e jogar umas poucas mãos ou só alguns minutos. Em um jogo ao vivo, o usual é competir com os mesmos rivais por várias horas.

Não vale a pena preocupar-se pela formação da imagem e se deve mesclar estilos de jogo (porque é uma estratégia básica), mas, na média, trocaremos menos de estilo do que faríamos em um jogo ao vivo.

Os riscos de jogar online

A experiência é nova, e assim como tem os seus fanáticos (cada vez mais) e seus detratores, também existem os desconfiados.

A primeira coisa que as pessoas perguntam, antes de ingressar no mundo das apostas virtuais, é sobre a segurança e confiabilidade. São questionamentos válidos e habituais, mas que sempre são esclarecidos e demonstrados pelos sites.

Entre as objeções estão as seguintes:

A qualidade da conexão

É necessário um bom provedor de internet. Se este for muito lento ou cair sempre, teremos inconvenientes, uma vez que o jogo continua enquanto estamos desconectados; não nos espera.

Em uma mesa de cash game, não há maiores problemas. Aparecemos como ausentes, não recebemos cartas e não postamos os blinds. Por outro lado, nos sit & go ou em torneios, a continuidade não se suspende por desconexão (se recebe tempo adicional para voltar a conexão), mas se o problema persistir, os blinds serão postados normalmente, e as mãos serão consideradas descartadas.

Para diminuir esse efeito nocivo que, lamentavelmente, acontece frequentemente com os jogadores, algumas salas têm previstos sistemas de proteção contra a desconexão com particularidades diferentes entre elas.

O controle da veracidade e da confiabilidade

Alguns ainda tem dúvidas a respeito da veracidade e da neutralidade.

Sustentam que tratam-se de programas de computador, então isso implicaria em falhas ou possíveis manipulações.

Quando começam a jogar online, muitos jogadores frequentes no poker ao vivo, o acham irreal o que lá acontece, e tem a sensação de que o azar não é tão azar.

Em um mundo de tanta tecnologia, no qual as fraudes são moeda corrente, as prevenções se justificam.

Ninguém pode assegurar que isto, ou algo disto, não ocorra em alguma sala.

Se fosse impossível, a grande empresa Enron, ou Madoff não teriam enganado tantos e grandes magnatas por somas multimilionárias.

Como em todos as áreas da vida, há riscos; a questão passa a ser ter o melhor conhecimento possível do meio, e encontrar métodos para minimizá-los.

Por outra lado, não é menos certo que o poker online já repartiu somas fabulosas em prêmios e tem vantagens e "encantos" que o colocaram em voga no mundo todo, e são milhares ou milhões os que experimentam o jogo dia a dia, e as transações de crédito dos prêmios, retirada de dinheiro, etc. O recomendável é conhecer as suas características e saber aproveitá-las.

Algo que tem relação com essa sensação irreal que mencionávamos, é a impressão que alguns têm de sofrer mais bad beats do que quando jogam ao vivo. Ou a concretização de draws difíceis ou a aparição de muitos jogos grandes.

Uma explicação desse fenômeno pode estar relacionada com a muito maior quantidade de mãos embaralhadas. Por exemplo: a possibilidade de que apareçam em uma mesma mão duas quadras é de uma em mais de um milhão; muito poucas vezes ou jamais o veremos ao vivo. Mas, se jogamos muito online, talvez o experimentemos e, obviamente, não vamos acreditar.

A respeito da confiabilidade, é certo que algumas salas virtuais poderiam empregar "jogadores da casa", comumente conhecidos como shills, ou automáticos, denominados bots.

Se quisermos jogar tranquilos, deveremos fazê-lo em salas que mostram melhores auditorias e nas de melhor reputação.

Como no caso dos bancos ou das companhias de seguros, este é um negócio baseado na confiança e no prestígio, e ninguém grande e bem-sucedido vai atirar pela janela a galinha dos ovos de ouro, justamente por não cuidar da segurança dos seus clientes.

É impensável que este tipo de "casas" grandes e sérias façam trapaça.

Além disso, a remuneração da sala é a comissão sobre cada pote; portanto, lhe convém que estejam envolvidos o maior número de jogadores possíveis, e que joguem e ganhem muito, e se o fazem em muitas mesas melhor, por que isso multiplicará os seus ganhos.

Também é possível que alguém (um especialista, um hacker) "entre" no software e prejudique os sistemas de segurança, com a finalidade de conhecer ou revelar as cartas que os jogadores tenham, ou as que estão para surgir, ou simplesmente para incomodar.

Em teoria, e provavelmente na prática, os sites mais confiáveis (os que estão há mais tempo no "ciberespaço") estão preparados para que isto não aconteça, mas vale a pena recordar que os bancos, companhias aéreas e até a NASA e o Pentágono, foram "hackeados" alguma vez.

O jogo em equipe e outras práticas condenáveis

As práticas maliciosas, de fato, são levadas a cabo por alguns jogadores sem escrúpulos, que trabalham para roubar, e isso pode acontecer em qualquer parte. Aqui também a questão passa por conhecer os níveis de controle e segurança que estão previstos pelos organizadores de jogos para detectá-los e evitá-los.

Uma destas práticas mais usual é a do "jogo em equipe", mediante a passagem de informações para se beneficiar em conjunto.

Os sinais, o denomindado "chip dumping" (perda voluntária de fichas para incrementar o stack do sócio) ou reraise depois de um raise do outro "comparsa", para tirar da mesa o restante dos oponentes e jogar contra um participante específico, são algumas das trapaças habituais.

Tanto as salas presenciais (mediante as câmeras do circuito fechado de TV, os supervisores de mesa e o controle que fazem os dealers), como as online (mais confiáveis) combatem estas práticas e a esses jogadores, por todos os meios tecnológicos possíveis, para que os "normais" possam competir sem medo da trapaça[70].

Outros temores

Algumas pessoas manifestam temores diante da possibilidade de que o site feche, e não se possa receber o dinheiro, e que ninguém assuma a responsabilidade por

---

70 - As salas virtuais mais importantes costumam implementar um sofisticado controle dos seus sistemas, com medidas como:

1. O rastreamento do endereço de IP, próprios de cada conexão, e comparação de padrões de jogo. Isso pode servir para determinar se alguns jogadores jogam sempre nas mesmas mesa. Então, como se tratam de programas de informática, se pode conseguir identificar muito mais rápida e precisamente do que em qualquer cassino real.

2. Um jogador não pode registrar-se mais de uma vez. Para evitá-lo, existem controles pelo acompanhamento dos IPs do seu nick, outro de seus dados, documentos, ou endereços de e-mail, entre outros.

3. Controle da recusa de jogar mãos com cartas muito boas. Durante a rodada inicial de apostas, se um jogador der fold com uma mão forte, por exemplo K K, quando outro tem A A, se emite um alerta.

4. Os informes ou denuncias sobre situações supeitas realizados por parte de jogadores habituais são analisados por especialistas, com todo o arsenal tecnológico de que se dispõe. É importante saber que os arquivos mantém registro de todas as mãos jogadas.

estas dificuldades (ou outras). Também pelo desconhecimento de um fórum ao qual possam recorrer em caso de inconvenientes.

São prevenções com fundamentos. Na verdade, já ocorreu o fechamento de algumas salas pouco conhecidas, e são poucas as possibilidades para defender-se dessas fraudes.

Por isso, novamente, é preciso jogar nos sites de maior prestigio, e que ofereçam maior segurança em razão da sua trajetória.

Consultemos a quem tem mais experiência, experimentemos em qual ficamos mais cômodos e, uma vez convencidos, mãos a obra e vamos construir a nossa fortuna.

Palavras finais

Aprender a jogar poker não é tão fácil como parece, nem tão difícil como entender este manual.

Por isso, a quem conseguiu chegar até aqui, vai o nosso sincero reconhecimento e a esperança de que possamos ter sido úteis, seja ensinando, ou pelo menos, divertindo um pouco.

A vida se trata disso, de vivermos bons momentos e aproveitá-los. Como disse Florence Scovel, "a maioria das pessoas considera a vida como uma batalha, mas a vida não é uma batalha e sim um jogo".

"Quem alguma vez leu um livro", terá constatado que este é atípico em muitos aspectos. E mais do que se imagina.

Uma disparidade distinta entre os livros e o sexo está em que os primeiros começam com uma introdução e culminam com um índice. Já o amor, começa com o "índice" e termina com a introdução.

Nesse ponto, este texto também diferente, porque contrariamente, termina com uma saudação afetuosa, uma cordial despedida e com um convite para o nosso reencontro no próximo volume.

Imaginando o êxito deste livro e, como preparamos as coisas com antecedência, pedimos uma impressão de exemplares substancialmente menor.

Estimados leitores, obrigado pelo vosso interesse.

Finalmente, rogamos que ao avaliar-nos, e como dizia Jorge Luís Borges, recordem que "Creio que uma forma de felicidade é a leitura".

Até o próximo.

Os autores.

José Daniel Litvak e Ernesto "Flaquito" Panno

ANEXO I
GLOSSÁRIO

Termo em inglês	Uso em português	Significado
A-Ace	Ás	Sigla que se utiliza para denominar a carta A. É a carta mais alta, ainda que no caso da sequência mínimo (A♥, 2♠, 3♦, 4♣, 5♦), ser a carta mais baixa.
Add-on		Última oportunidade para comprar fichas em um torneio com essa possibilidade.
All-in	Tudo	Aposta do total das fichas que temos em jogo.
Ante	Ante	Apostas iniciais que acontecem em algumas partidas de cash game ou na maioria dos torneios importantes, a partir de um certo nível de jogo.
APPT		Siglas do Asian Pacific Poker Tour.
Average	Média	Média de fichas do torneio.
Backdoor		É a possibilidade de completar draw, se surgirem as cartas adequadas na quarta e na quinta carta.
Bad Beat		Se diz quando perdemos uma mão com a qual acreditávamos ser favoritos.
Bad Beat Jackpot		Prêmio especial cumulativo que alguns cassinos ou salas de poker online estabelecem para os jogadores que sofrem a pior bad beat em um espaço de tempo.
Bankroll		Dinheiro que temos destinado ao jogo de poker, exclusivamente, independente da nossa conta pessoal ou dinheiro para viver.
Barrel	Tiro	Aposta forte.
Best Hand	Melhor mão	É o melhor jogo de uma mão.
Bet	Apostar	Apostar

Termo em Inglês	Uso em Português	Significado
Bet in the dark	Apostar no escuro	Ação de apostar sem ter visto as cartas.
Bet sizing		Dimensionar as apostas.
Big bet		Aposta grande.
Big blind (BB)		Aposta obrigada do jogador da segunda posição da mesa, a esquerda do botão (dealer).
Big Slick		Termo usado para uma mão formada por um ás e um rei.
Big Stack		Quando o valor de fichas que dispõe o jogador em sua mesa para apostar é grande.
Blank		Carta do turn ou do river que não é útil aos envolvidos na mão.
Blind		Aposta obrigada dos jogadores localizados nas primeiras duas posições da mesa. Em algumas modalidades a terceira posição também se envolve.
Blind bet	Aposta cega	Aposta realizada sem ter visto as cartas.
Blinded out	Eliminado pelo blind	Retirar-se de um torneio por não poder mais pagar as apostas obrigatórias, ficando sem nenhuma ficha.
Bluff	Blefe	Aposta enganosa. Realizada sem ter jogo, para intimidar ou para tirar os rivais de uma mão que não ganharíamos no showdown.
Board	Bordo	As cartas comunitárias abertas.
Bottom pair	Par mais baixo	Par formado com a menor carta do bordo.
Bring-in		Sem contar os blinds, é a primeira aposta depois de que se distribuíram as cartas, em algumas modalidades de poker.
Bubble boy	Bolha	Último jogador a retirar-se sem prêmio em um torneio.
Bully		Jogador agressivo que explora a sua quantidade de fichas.

ANEXO I - Glossário

Termo em Inglês	Uso em Português	Significado
Button	Botão	Última posição na mesa (dealer).
Buy-in	Compra inicial	Compra inicial de fichas para uma partida por dinheiro (cash game) ou custo de inscrição de um torneio.
Call	Pagar–completar	Pagar uma aposta efetivada por outro jogador ou pagar o big blind.
Call bluff		Pagar uma aposta preparando um blefe para a etapa de apostas seguinte.
Call-in the dark	Pagar no escuro	Pagar uma aposta sem olhar as cartas.
Calling station	Pagador	Jogador que dá muitos calls.
Capital Tournament		Modalidade de torneio na que se pode abandonar e conseguir um prêmio proporcional ao "stack" nesse momento.
Cash game		Tipo de jogo por dinheiro real
Cashier	Caixa	É o caixa dos cassinos ou das salas online.
C-bet	Aposta de continuação	Jogada típica que realiza, no flop ou no turn, quem deu raise pré-flop.
Check	Passar a vez - mesa	Passar. Ceder a vez de apostar ao jogador seguinte.
Check fold		Dar mesa para depois desistir.
Check in the dark	Mesa no escuro	Ação de passar sem olhar o flop, o turn ou o river (é bastante utilizada pelos profissionais quando estão fora de posição)
Check-raise		Passar a vez em uma rodada de apostas com a intenção de aumentar, se o rival apostar.
Chip	Ficha	Fichas com as quais são efetuadas as apostas.
Chip leader	Líder	Quem tem mais fichas em uma mesa ou torneio.

Termo em Inglês	Uso em Português	Significado
Chop		Nos "cash games", decisão conjunta de ambos os blinds de recuperar as suas apostas obrigatórias e de não jogar a mão, quando todos os outros jogadores jogaram fora as suas cartas.
Club	Paus	Um dos quatro naipes do baralho.
Coin flip	Jogada de uma moeda para cima	Situação na qual dois jogadores têm praticamente as mesmas chances de ganhar.
Community cards		Cartas comunitárias.
Connectors	Cartas conectadas	Duas cartas de valor próximo.
Cutoff		Posição de joador anterior ao botão (ou dealer).
Dead money	Dinheiro morto	Dinheiro apostado por quem não tem possibilidades de ganhar.
Deal	Distribuir	Ação de distribuir as cartas.
Dealer	Botão	Jogador que tem a última posição da mesa.
Deck	Baralho	Baralho com 52 cartas.
Deep stack		Modalidade de torneio na qual a quantidade de fichas iniciais é alta.
Diamond	Ouros	Um dos quatro naipes do baralho.
Disconnect protection	Proteção por desconexão	Situação que se dá no poker online em algumas mesas que tem esta proteção. Cada sala tem as suas normas a respeito.
Donk bet	Jugada de burro	Aposta ruim.
Double gutter	Broca dupla	Draw para sequência aberta a duas cartas do meio.
Dominated hand	Mão dominada	Quando a nossa carta alta tem um kicker menor ao de um rival
Draw	Queda	Projeto de jogo.
Drawing Hand		Mão que tem opções de completar draws, como flush ou sequência.

ANEXO I - Glossário

Termo em Inglês	Uso em Português	Significado
Early position	Primeiras iniciais	Três primeiras posições na mesa, localizadas a esquerda do botão
Equity	Equidade	Equidade matemática.
Expectation	Expectativa	Quantidade de dinheiro que se espera ganhar com uma jogada.
Expected Value (EV)	Valor Esperado	Valor que se espera ganhar com uma jogada. Também se refere à expectativa de ganhar ser positiva ou negativa.
Family Pot		Pots disputados por todos os jogadores da mesa.
Fifth street	Quinta rodada	Quinta carta comunitária.
Fish		Jogador tonto. Mal jogador.
Flop		Três primeiras cartas comunitárias, abertas no centro da mesa. Segunda rodada de apostas.
Flopped	Jogo completado no flop	Jogo já concretizado com as cartas individuais e com as três primeiras cartas comunitárias.
Flush		Jogo conseguido em que todas as cartas são do mesmo naipe. Três do bordo e duas da mão, quatro do bordo e uma da mão ou as cinco do bordo.
Fold	Desisto	Abandonar, jogar fora as cartas, retirar-se de uma rodada do jogo.
Four of a Kind	Quadra	Jogo formado por quatro cartas de um mesmo valor. Por exemplo A♥, A♣, A♦, A♣, 4♣ (Quada de ases).
Fourth street	Quarta carta	Turn. Quarta carta comunitária. Terceira etapa de apostas.
Free card	Carta grátis	Quando em una rodada de apostas não temos que pagar apostas para ver a seguinte carta.
Freeroll		Torneio gratuito.
Freezout		Modalidade de torneio, sem opção de recompras.
Full House	Full	Jogo formado por três cartas de um valor, mais dois de outro. Por exemplo. A♥, A♦, A♣, K♣, K♦ (full de ases com reis).

Termo em Inglês	Uso em Português	Significado
Fullring	Mesa completa	Mesa de 9 o de 10 jugadores.
Hand	Mão	As nossas cartas individuales. Aqui no livro usamos prioritariamente para indicar uma rodada do jogo ou ao jogo que possuímos em uma rodada.
Heads-up	Mano a mano	São as partidas um contra um ou a fase final de um torneio entre os dois últimos adversários.
Heart	Copas	Um dos quatro naipes do baralho.
Hold'em		Modalidade de poker mais jogada do mundo.
Hole cards	Cartas da mão	As duas cartas individuais que se distribuem fechadas a cada jogador.
Implied Odds	Probabilidades implícitas	Probabilidade matemática de obter uma carta comunitária ganhadora, para avaliar a conveniência de fazer uma aposta e o seu valor em relação ao valor do pote existente e ao que possa formar-se adicionalmente, em virtude das apostas das etapas restantes.
Instant call		Ação de pagar instantaneamente uma aposta, sem pensar.
J–Jack	Jota - Valete	Carta de valor maior que o 10 e menor que a Q.
K–King	Rei	Carta de valor maior que a Q e menor que o A.
Kicker		Carta que acompanha a nossa carta mais alta.
Knock-out		Modalidade de torneio que prevê um prêmio adicional por cada rival eliminado.
Late position	Posições finais	Ultimas posições da mesa.
Laydown	Largar	Dar fold com mãos boas.
Limit	Limite fixo	Modalidade de poker na que a quantidade a apostar. Em cada mão vem determinada por um limite preestablecido.
Limper		Jogador que se limita a igualar as apostas obrigatórias.

ANEXO I - Glossário

Termo em Inglês	Uso em Português	Significado
Loose		Jogador arriscado. Que aposta e paga sem levar em conta conceitos ou estratégias adequadas.
Maniac	Maníaco	Jogador muito agressivo e perigoso. Imprevisível.
Middle pair	Par do meio	Jogo formado por um par com a carta que tenha o valor do meio no bordo.
Middle	Meio da mesa	Posições intermediárias na mesa.
Misdeal		Erro na distribuição das cartas, que devem ser distribuídas novamente.
Monster	Mão monstro	Jogos muito valiosos conseguidos antes do showdown.
Muck		Não mostrar as cartas, descartar a mão diante de uma aposta ou tendo perdido no showdown.
Multiway pot		Potes disputados por vários jogadores.
No limit	Sem limite	Modalidade de poker na que não há limite máximo de valor da aposta.
Nuts	Maior jogo	Jogo mais alto possível que se pode formar com as cartas da mesa. Em algumas publicações também se denomina "absolute nuts".
Odds	Probabilidade	Lei matemática de probabilidades aplicadas ao poker. Possibilidade de conseguir as cartas necessárias para formar um jogo ganhador.
Offsuit		Cartas de naipes diferentes.
Open Straight	Duas pontas	Draw para sequência que pode se completar com duas possíveis cartas comunitárias restantes, cartas que entram na parte de cima ou de baixo da sequência.
Outkicked		Quando nossa carta de apoio ou kicker é superada pelo kicker de algum rival.
Outs		Cartas que podem completar nosso jogo no turn ou no river.
Overbet		Aposta maior que o valor do pote no momento.

Termo em Inglês	Uso em Português	Significado
Overcall		Call adicional depois de uma aposta ter sido paga.
Overcards	Cartas mais altas	Situação que se dá quando as nossas cartas da mão são mais altas que as que surgem no flop.
Overpair		Par na mão mais alto que qualquer outro par formado com as cartas do flop.
Pair	Par - pares	Jogo formado por duas cartas de igual valor.
Play money		Mesas nas que se joga com fichas nas salas de poker online, sem valor monetário real.
Pocket pair		Par formado com nossas duas cartas individuais.
Pot	Pote	Quantidade total apostada em uma mão por todos os jogadores, que constitui o prêmio de quem o ganhe.
Pot committed	Estar comprometido com o pot	Situação de compromisso, na qual um jogador já tenha investido demais e já não pode se retirar da mão.
Pot limit		Variante do poker na qual a quantidade máxima que se pode apostar em uma mão está determinada pelo valor do pote.
Pot odds		Probabilidade matemática que nos oferece o pote comparado com o valor apostado e as chances de levá-lo.
Pré-flop		Etapa antes de ver o flop. Primeira rodada de apostas.
Premium cards	Cartas premium	Cartas de valor muito alto.
Prize pool		Valor total de prêmios de um torneio.
PRO		Sigla de jogador profissional.
Q–Queen	Dama	Carta de valor maior que o J e menor que o K.
Quads	Quadra	Jogo formado por quatro cartas do mesmo valor.
Rag	Carta inofensiva	Carta comunitária que não serve para qualquer jogador.

ANEXO I - Glossário

Termo em Inglês	Uso em Português	Significado
Ragged		Flop que não contém cartas altas nem combinações perigosas.
Rags	Cartas desconectadas	Cartas desconectadas entre si.
Rainbow		Situação na qual o flop ou o turn mostram cartas de naipes diferentes.
Raise	Aumentar	Aumentar a aposta (obrigada ou voluntária) feita por outro jogador.
Rake	Comissão	Comissão que cobra a sala de poker por organizar o jogo.
Raked hand		Mão com comissão para a casa, na qual não é preciso colocar as fichas antes para receber cartas.
Rank		Valor das cartas.
Real Money	Dinheiro real	Jogo por dinheiro real.
Rebuy	Recompra	Modalidade de torneios onde é possível comprar mais fichas segundo as condições pré-estabelecidas.
Reraise	Novo aumento	Aumentar uma aposta que já foi aumentada por outro jogador.
Ring game	Cash game	Partida onde se aposta dinheiro e se joga pelo pote formado em cada etapa.
River	Quinta carta	Quinta carta comunitária. Quarta rodada de apostas.
Round	Mão	Cada ciclo do jogo. Cada "round" consta de 5 etapas.
Royal Flush	Royal	Jogo máximo formado por uma sequência de T a Ás com cartas do mesmo naipe (10♥, J♥, Q♥, K♥, A♥).
Runner-runner		Possibilidade de completar um draw, se surgirem as duas cartas necessárias no turn e no river.
Rush	Fase	Momento de variância positiva (sorte).
Scare Card	Carta assustadora	Carta ruim. Carta que pode nos arruinar ou que ajuda o rival.

Termo em Inglês	Uso em Português	Significado
Semi bluff	Semiblefe	Aposta enganosa para levar o pote instantaneamente, mas com chances de ganhar, se nos pagarem e se conseguirmos algum dos nossos outs.
Set	Trinca	Jogo formado por três cartas de mesmo valor.
Shootout		Modalidade de torneio.
Shorthanded	Mesas pequenas	Tipo de mesa em que jogam 6 jogadores ou menos.
Showdown	Mostrar	Etapa da mão em que se mostram os jogos formados para determinar o ganhador.
Side pot		Pote que se forma separado, uma vez que um jogador ou vários apostaram todas as suas fichas, sem chegar a cobrir a quantidade oferecida por outros.
Sit & Go		Mini torneios de poker que começam quando todas as vagas de uma mesa são ocupadas.
Slow play		Jogar sem agressividade uma mão grande, visando extrair mais fichas do adversário.
Small Blind		Aposta obrigatória inicial de cada mão, da primeira posição posterior ao botão. Sempre é a metade do BB.
Small stack	Stack pequeno	Quando o valor de fichas que dispõe o jogador apostar for pequeno.
Soft play		Prática maliciosa que consiste en não apostar ou em fazê-lo com um valor pequeno, para favorecer a outro jogador.
Spade	Espadas	Um dos quatro naipes do baralho.
Split	Empate	Situação nas quais os jogadores têm a mesma mão.
SPRO	Semipro	Jogador semiprofissional.
Squeeze		Jogada sofisticada onde o jogador se aproveita que vários jogadores pagaram a aposta e a aumenta significativamente.

ANEXO I - Glossário

Termo em Inglês	Uso em Português	Significado
Stack	Quantidade de fichas	Quantidade de fichas que dispõe o jogador para apostar.
Stack ratio		É o resultado do quociente entre nosso "stack" e o "pote" inicial. Serve para ajustar o grau de agressividade no jogo.
Steal the pote		Ganhar o pote com um blefe.
Step		Torneio por etapas.
Straddle	Escuro	Aposta que algumas vezes é permitida, e que consiste em que outro jogador aposte duplicando o valor do big blind, antes da distribuição das cartas. Este jogador pode dar raise na sua vez.
Straight	Sequência	Jogo formado por cinco cartas de valor sucessivo (6♥,7♦, 8♠, 9♣, 10♦).
Straight Flush		Jogo composto por cinco cartas de valor sucessivo e do mesmo naipe (8♥, 9♥, 10♥, J♥, Q♥).
Suit	Naipe	Naipe das cartas.
Suited	Naipado	Quando as duas cartas individuais são do mesmo naipe.
Table	Mesa	Mesa de jogo e/ou conjunto de jogadores de uma partida.
Tells		Gestos que demonstram estados de ânimo ou dão informação para futuras decisões.
Tight	Seguro	Tipo de jogador que segue um estilo de jogo seguro, seletivo ou conservador.
Tight nit		Jogador tight muito temeroso (ultraconservador).
Tilt		Estado emocional, geralmente produzido por uma bad beats, no qual um jogador se descontrola.
Time	Tempo	Espera que se pede para decidir a ação a seguir. Expressão com a qual se solicita que um jogador demorado decida a sua jogada.

Termo em Inglês	Uso em Português	Significado
Top pair	Par mais alto	Jogo formado com a carta mais alta do bordo.
Tournament	Torneio	Modalidade de jogo na qual o vencedor é aquele que acumula as fichas de todos os jogadores.
Trash hand	Mão-lixo	Cartas individuais ruins.
Tricky	Enganador	Jogador hábil para blefar.
Trips	Trinca	Jogo composto por uma trinca formada por uma carta da nossa mão e um par dessas cartas na mesa.
Turbo		Modalidade de torneio na qual os blinds sobem em intervalos mais curtos de tempo.
Turn	Quarta carta	Quarta carta comunitária. Terceira rodada de apostas.
Two Pairs	Dois pares	Jogo formado com dois pares diferentes.
Under The Gun (UTG)		Primera posição, à esquerda do big blind.
Underdog		Jogador que tem menos chances de ganhar uma mão.
Value bet	Aposta pelo valor	Aposta destinada a obter o maior benefício de um jogo considerado ganhador.
Variance	Variância	Termo matemático que mostra a variação nos resultados esperados de uma série.
WPT	Tour Mundial de Poker	Tour mundial de reconhecida importância.
WSOP	Serie Mundial de Poker	Principal torneio mundial, que acontece todos os anos, em Las Vegas.

RAISE EDITORA

TODOS OS DIREITOS RESERVADOS

É proibida a reprodução total ou parcial,
de qualquer forma ou por qualquer meio.
A violação dos direitos autorais (Lei nº 9.610/98) é
crime estabelecido pelo artigo 184 do Código Penal.